ダイエットコーチ計太の「ラクやせメソッド」

RAKUYASE METHOD

著・計太

小学館

ダイエットコーチ計太の「ラクやせ」メソッド

著・計太

はじめに

皆さん、こんにちは。ダイエットコーチの計太《けいた》です。
この本を手に取っていただき、ありがとうございます。

本編に入る前に、ぜひ、お伝えしておきたいことがあります。
皆さんはきっと、ＳＮＳやＹｏｕＴｕｂｅ、本といった様々なメディアで、いろんなダイエット情報を見聞きしていらっしゃると思います。その中で「ダイエット指導者によって言っていることが違う……」と思ったことはありませんか？　この違いが生まれる原因は〝ベースとなるダイエットへの考え方〟や〝イメージしている対象者〟の違いです。僕がこれからお伝えすることが誤解のないように伝わって欲しいので、まずは僕のダイエット指導者としての考えを述べさせてください。

僕は、東京都内で、完全個室のパーソナルジム「ボクノジム」を複数店舗経営するパーソナルトレーナー兼ダイエットコーチの計太と申します。大阪教育大学を卒業後、身体の仕組みについて興味が湧き、早稲田大学の大学院に進学しました。その後、パーソナルトレーナーになり、現在に至ります。

以前は、「身体を鍛えて筋肉を増やす」という、一般的にイメージされやすい〝ボディメイク〟をパーソナルジムで指導していました。「やせたい！」というお客様に対して、ハードな筋トレをこなしていただき、ある程度の食事制限もしてもらって、目標体重まで二人三脚でがんばる、そんな仕事だと思っていました。目標を達成されたお客様からは感謝されて、非常にやりがいのある仕事だな、人のために仕事ができているなという実感もありました。

ところが、それが間違いだと気づいたのは、仕事を始めてから1年ほど経過した頃です。SNSを介してたくさんのダイエッターの状況が見えたことが発端でした。がんばってやせて目標を達成したものの、その後、リバウンドしてしまう人がたくさんいることを知ったのです。なんて浅い仕事をしていたんだと反省しました。

がんばってやせたい人がいる。その人に対しがんばってもらい、目標体重までやせさせる。ただそれだけの仕事をしていたのです。そのことに気づいた僕は、ダイエットの認識を根底からくつがえさせられました。目標体重に向かって努力を積み重ね、達成できたとしても、その後、維持できなければ、長い目で見て意味がありません。むしろ代謝が下がったり、無理をし過ぎると別の疾患に陥るケースもあります。そんなのはダイエットじゃないんです。

■ダイエットとは何か

ダイエット＝やせる、という認識が一般的ですが、僕は違うと思っています。やせることをダイエット成功の基準にしてしまうことは非常に危険です。実際、日本では「やせ礼賛」が強いことが問題視されています。「やせていることが正義」という認識が根深いのです。小中学生に拒食症の患者数が急増していることも、その影響ではないでしょうか。だからこそ、僕はダイエットと減量を分けて考えるべきだと思います。

■ダイエットと減量の違い

ダイエットでは〝体調の良さ〟にフォーカスします。「ダイエットがつらい」「〇日だけダイエットをがんばる」「早くダイエット終わらないかな……」。そう考えている時点でもう正しいダイエットはできていません。そもそも体調維持は、短期で終わるものではなく、一生続くものです。一生続けられる取り組みでなければダイエットではないのです。

一方で減量は〝体重減〟を最優先します。基本的に食事量を減らすことになるので、がんばり過ぎると、体調が悪くなる可能性があります。

例えば、「あるイベントのタイミングだけでいいからやせていたい」「結婚式があるからやせたい」などの理由がある場合は、減量に取り組むのもいいでしょう。ただし、このような期間限定の短期的な努力で減った分の体重は、元に戻るものであると考えてください。

一生続けられる努力でない限り、その努力で得られる成果も一生保つことはできません。
皆さん、受験勉強を思い返してみてください。受験という期間の設定があったから、がんばれたんですよね。そして受験の時に頭に詰め込んだ知識は、ほとんど抜けてしまっていませんか？　減量もそれに似ています。

おそらく、ここで疑問が出てくる方もいるでしょう。
『ダイエットではやせないっていうこと？』

答えは「人による」です。
多くの人は、ダイエットをした結果、やせます。なぜならば、ダイエットを決意する人は太ってしまった原因を抱えているからです。それを正しい食事と正しい運動習慣に改善することで、解消できる＝やせられる、のです。

本書では、本当に、正しいダイエットについてお伝えします。無理なく、続けられる内容で、心身の健康を優先した上で、結果的にやせるための知識と方法です。これまでのダイエットで過度な取り組みをした結果、短期間のうちにリバウンドしてしまうといった悪循環を繰り返してきた人にとっては、「ダイエットってもっとラクな方法でやればいいんだ！」と思っていただけるでしょう。

実は、ある程度ラクな面を感じられる取り組みでない限り、ダイエットは続きません。続けられるダイエットとは無理のないダイエットのこと。それが「ラクやせ」の極意です。

ただし、ダイエットをした結果、逆に太る人もいます。僕はダイエット指導者ですが、やせるだけがベストではなく、太ったほうがいい人はたくさんいると思っています。

例えば、「やせてなきゃいけない」という思考が強過ぎて、常に食事制限をし、運動も欠かさないという人。もちろん、それがその人にとって生きやすい状態ならばいいですが、そうでない人もいるはずです。体調がいいとは言えないし、食事も運動もルールだらけでつらい、と感じつつも、やめられない人も多いのです。そうした人は、たとえ太ろうとも、毎日を体調良く過ごして、好きな食事も楽しんで、運動も楽しめる範囲で行なったほうが、人生を長い目で見た時に幸せだと思います。

実際に、僕のYouTubeなどを介して、「やせたい」という気持ちを捨てられた人が、健康的に太り、友達と食事も楽しめるようになって幸せになれた、という例もあります。そういう人にとっては、太ることも体調維持には欠かせないダイエットだと言えるのです。

■＋5％の努力が成功のカギ

ここまで読んでくださった方にはおわかりいただけたように、ダイエットは長期戦です。だからこそ、続けられる取り組みでなければならないという絶対的ルールがあります。「そんな甘いことを言っていたらいつまで経ってもやせられない」と思う方もいらっしゃるかもしれませんが、逆にお聞きします。

「厳しいルールを設けて、それを続けられますか？」

さて、冷静になっていただいたところで〝＋5％の努力〟について解説させてください。これはあなたの今の生活を100％として、＋5％分の努力を積み重ねてみませんか、という提案です。例えば、一切運動してこなかったAさんが、自宅で週1回のストレッチを始めました。この方にとってはすばらしいダイエットです。その生活が定着した頃には、週1回のストレッチが当たり前になっているわけですから、次は＋5％の努力を達成するためにストレッチを週2回にしてみる。こうしたステップアップ、＋5％の積み重ねが重要なのです。

「でも、ストレッチだけではやせませんよね？」

確かにその通りです。ストレッチだけでやせることは現実的に難しいでしょう。ですが、きっと体調の良さを感じるはずです。その次に、ウォーキングを始めるかもしれないし、あわよくばランニングまで生活に取り入れられるようになるかもしれません。

きっかけは、どんな小さなことでもいいんです。あなたにとっての〝＋5％の努力〟と、その積み重ねを本書で見つけていただければ幸いです。

本書では、このようなダイエットのマインドを根底に置いた上で、やせたいと願うダイエッターさんの疑問に答えていきます。

CONTENTS
目次

第3章 生活習慣編

第4章 やせ疑問編 ダイエッターの素朴な疑問をまとめて解決……141

そのがんばり方、
間違ってない？

序章

意識
編

ダイエットを始める前に
覚えておきたい7か条

①「やせる方法」より、「太った原因」を知る

「ダイエットをするぞ！」と決意した時に、何から始めるべきでしょうか。まずは「やせる方法」を探す人が多いと思います。「○○を食べたらやせやすい」「運動するなら○○運動がいい」といったことも確かに必要な情報かもしれません。ですが、今のあなたに本当に必要なことは「太った原因」を知ることです。きっと、何かのきっかけで生活に変化が起こり、どこかのタイミングで太り始めたはずです。

僕がダイエット指導でたくさんのダイエッターとお話した経験では、環境の変化はかなり大きなきっかけになる人が多いと感じています。仕事が変わって忙しくなった、誰かと一緒に住むようになった、職場が変わって生活時間が変わった、などです。これらのきっかけによって運動習慣や食習慣に変化が起こります。きっと皆さんも生活の中で何かが増えて、また何かが減っているはずです。**この変化に対応できれば、その分の〝やせ〟を手**

太る原因の一例

	増えた	減った
食事	揚げもの、ジュース、お酒、外食、間食にスナック菓子、夕食後の夜食	朝食、自炊
運動	座っている時間	ジムでの運動時間、通勤時間、家を出る頻度
生活	仕事のストレス、テレビやスマホを見る時間	睡眠時間

Point **自身の生活から原因を探してみる。改善不可能なことには目を向けず、対策に取り組める項目に絞ることが重要**

に入れられるのです。上の表では多くのダイエッターに当てはまる、太る原因の一例を示しました。

「やせるためには何をすべきだろう?」↓「そもそもなぜ、太ってしまったのだろう?」↓「まずは自分自身の生活で思い当たる、太った原因を取り除こう」。

こうして導き出された生活ルールこそ、「やせる方法」の第一歩です。

では、「太った原因」を無視したままダイエットをすると、どうなるのでしょうか。自身が太った原因には目もくれず、ネットで見つけた情報頼みの〝やせるルール〟を生活に取り入れたとします。これはつまり、太る原因を抱えたままそのルールを実行するということ。その場合、仮にやせられたとしても再び太るリスクを抱えたままの状態が続いているということです。やがてそこから聞こえるのは、リバウンドの足音……。目新しい情報に飛びつく前に、まずは太ってしまった原因を見つけましょう。

② 過度な期待を捨てる

皆さんは過度な期待を持ってしまったことで後悔したことはありませんか？　恋愛や友人関係においてもよくあることですが、この〝過度な期待〟はダイエットでも禁物です。ダイエットにおいては、**「簡単にやせられる」という思い込みこそが〝過度な期待〟**です。「なかなかやせられない」「思っていたよりやせられない」と感じてしまうこれらの状況は、結構なストレスになるはずです。過度な期待を持って理想を作り上げてしまうがゆえに、理想と現実のギャップが生まれてしまい、さらにうまくいかないというギャップが原因となり、ダイエットを継続できなくなってしまいます。

それどころか、こうしたことが引き金となって、より早く結果を求めようとしてしまうあまり、ダイエットを必要以上に加速させてしまう。結果、気づかぬうちに継続できる可能性が低いダイエット法を選択し、続けられないという残念な結末に。**つまり過度な期待をやめれば、ダイエット失敗のリスクを下げることができる**のです。

そもそも、**数年かけて少しずつ蓄積した体脂肪を数か月でどうにかできると考えること自体、過度な期待**だと思ってください。これは、長年同じ体重だった人が体重を変えようとする場合も同じこと。これにはしかるべき理由があります。

元来、人間の身体にはホメオスタシス（恒常性）という機能が備わっていて、今の状態を保とうと働いています。体重が落ちたらお腹は空きやすくなるし、たくさん食べたら食欲が落ち着くこともホメオスタシスの一環です。つまり多くの人にとって今の身体が〝ちょうどいい〟わけで、それを破綻させようとすると、そこにはいろんな抵抗が生じます。

また数字で見れば、そう簡単にやせられるはずがないことを理解していただけるはずです。**脂肪1kgは約7200kcalに相当します。例えば60kgの人が時速8kmで30分走ると、約250kcal**を消費します。ということは、**およそ1か月間毎日ランニングをしてやっと脂肪約1kg分を燃焼できるという計算**になりますので、そう簡単ではないことがわかりますよね（さらに現実では計算どおりに進みません）。

ましてや毎日運動の時間を取れない人が多いですし、ランニングなんてまだできる健康状態ではなく、ウォーキングが精一杯という人もいます。疲れた日にはサボりたいし、走ったご褒美にお菓子でも食べてしまったら、その日に消費したカロリーはチャラ。さらには、ホメオスタシスのおかげで、やせるほどダイエットの進捗は悪くなります。要するに、そう簡単にやせられるものではないということです。

皆さんが過度な期待を抱いてしまうことは、ある意味、当たり前のことです。というのも、皆さんは知らず知らずのうちに過度な期待を抱かされてしまっています。簡単にやせられる、短期でやせられる、大幅な減量の成果、劇的ビフォアアフター、そういった情報のほうが注目を集めやすいこともあり、ＳＮＳ上にはこういった情報があふれかえっています。**ＳＮＳでダイエットの成果を見せる類いの発信について、半分はウソというくらいのスタンス**でいたほうがいいでしょう。

ダイエット指導の現場では地味なケースのほうが多いのも事実。確かに大幅な減量を達成する人も、スルスルとやせる人もいますが、ちょっとずつやせて、ちょっと戻って、またちょっとずつやせて……というケースがほとんど。そしてそれが現実です。ですから、**過度な期待は捨てて、長期的な視点でダイエットを考える**ことをおすすめしたいのです。

③ 他人と成果を比較しない

突然ですが、皆さんは他人と比較して自分が劣っていると感じた時に燃えるタイプですか？ やる気がみなぎるタイプですか？ 「ＹＥＳ」と答えた方に追加の質問です。そのやる気は、長続きしますか？

他人と成果を比較するとダイエットが続きません。特にダイエットの場合は、成功者と比べがちです。「あの人はあんなにやせている」「あの人は今月何kgやせたのに、私はやせられていない」など。それで落ち込んでしまい、ストレスがたまって、やけ食いしてしまう。この場合、やけ食いの原因はストレスと判断されがちですが、違います。**そもそもの原因は比較をしてしまったことで、ダイエットのマインドセットを間違ってしまっている**のです。「何kgやせられたか」の成果を比較することが、いかに現実的ではないかということを理解していただきたいのです。

例えば、読者のあなたと僕は全くの別人です。もしかしたら性別も違う、体格も違う、体重も違う、体重の推移も違う（僕はこの1週間の不摂生で3kg増加した直後かもしれない）、運動に費やす時間も違う、運動のスキルも違う、生活におけるタスクの量が違う、僕は便秘じゃないけどあなたは便秘かもしれない、栄養の吸収率が違う、体質が違う、遺伝子が違う、何もかも違う。人間はそれぞれ置かれている状況、環境、遺伝的な要因があり、それら全てが影響するため、総合的なやせやすさには必ず差があるのです。なのに、何kgやせられたかを比較するなんて、無理があると思いませんか？

「そういった差を理解した上で努力するのがダイエットでしょ！」と考える方もいらっしゃるでしょう。そういったスポ根も嫌いではないのですが、個人差があることは絶対に知っておいてほしいのです。さらに、それらを知ってか知らずか、他人と成果を比較して落ち込む人が多いという事実。他人と比較してがんばれる人なら、どうぞご自由に。ですが、僕が多くの皆さんに向けて届けたいアドバイスは**「他人と成果を比較しない」ことです。そのほうが、ダイエットを続けられる可能性が高くなるからです。**

④ 身の丈に合った努力をする

そもそも「がんばる」って、長続きしないと思いませんか？

大会に向けてがんばっている時の練習量、試合に向けた練習の追い込み、受験勉強……。振り返ってみると過去にがんばったことって、ゴールがあるからこそ続けられたことが多くないでしょうか？　その中でも生活の一部としてなじんだものだけが習慣化されて続くのですが、そうでない**大多数のがんばりは、残念ながら続かない**ものです。

同様にダイエットを「続ける」ということを念頭に置いた場合、あまりにがんばり過ぎると続かない可能性が高くなります。**がんばればがんばるほど、継続できる可能性が低くなる**ということです。ただ、一切がんばらなくてもいいかというと、それもウソになります。**今までの生活を変化させるわけですから、少なからず、がんばりは発生します。つまり「がんばり過ぎないこと」こそ、ダイエット成功のカギ**ということになります。

さらにダイエットに注げる労力は、人それぞれ違うということを知っておいてください。生活上、やらなければいけないことの量も違いますし、運動が嫌いな人とそうでない人では、運動による疲労感に大きな差があります。だからこそ、どれだけがんばっているかは他人と比較せず、自分自身で評価をすること。皆さんの生活上、**「身の丈に合った努力」**から始めてください。そして**生活の変化は少しずつでOK**です。

⑤ 体重の増減に一喜一憂しない

ダイエット中の人であれば、体重が減るとうれしいし、逆に体重が増えたら落ち込みますよね。また、減るだろうと期待していたのに体重が減っていなかったら、これまた落ち込んだり、暗い気持ちになりませんか？ **減ったら勝ち、増えたら負け、何なら現状維持でも負けというのは分が悪い勝負**をやっている気分になりませんか？（ここまで読んでくださった方なら、体重の増減に対しても過度な期待をしなければいいんだな、一気に減るものではなくて気長に考えるほうがいいんだ、と思ってくださっているはずです！）

現実的には難しいことかもしれませんが、体重の増減に一喜一憂しないほうが気分良く生きられます（そもそも、ダイエットの主たる目的を体重にセットしなければいいのです）。というのも、ダイエットは**うまくいくこと以外、全てがストレスになってしまう可能性があるから**です。

過度に体重を気にしてしまう人は、１日に何度も体重計に乗るだけでなく、脂肪であれ、筋肉であれ、便秘であれ、体重が増えることの全てが悪だと考えるようになり、体重が増えてしまうことが怖い一心で、強い食事制限から抜け出せなくなるというケースがあります。思い当たる人は、摂食障害になりかけているかもしれません（僕に診断はできませんので、実際にそうなのかどうかはわかりませんが）。

そもそも、誰にも体重の増減はあります。昨日と今日で同じ体重にならないことなんて、普通にあります。たまたま増えることもあれば、たまたま減ることもあります。前述のように、そもそも**脂肪が燃焼されるには時間がかかるのと同様に、脂肪の合成にも時間がかかります。**例えば昨日より体重が５００g増えたとしても、それが全て脂肪というわけではないのです。皆さんが心配なさっている「（脂肪が増えるという意味での）太った」ではなく、腸の中の内容物の量、水分量のいずれかの変化が原因です。体重の変化を追うことが悪いとは言いませんが、ダイエットは必ず長い目で見ること。１か月〜3か月程度のスパンで評価することをおすすめします。

⑥ 実は姿勢の改善で見た目は変えられる

皆さんは「ボディメイク」と聞いて、どんなイメージが頭に浮かびますか？　ジムで筋トレをがんばって、筋肉を増やして……。僕も昔はそう思っていました。そんなトレーニングセッションを提供していました。でもそれだけではないことがわかりました。

トレーニングによる筋量増加に性差はないという研究結果がありますが、[*1] 僕は、性ホルモンの差や、経験則から判断して、女性のほうが比較的筋肉は増えにくいと考えています。**女性が、見た目に影響を及ぼすほど筋肉を増やすには、かなりの時間と労力が必要**です。そう考えると「筋肉を増やして見た目を変える」というボディメイクは、比較的男性向けの手段だと言えます。後述しますが、**筋肉を増やすためにはある程度のオーバーカロリーの状態を作り出さないと結果が出にくい**ので、その過程で太ることが多いのも事実です。この点においても、筋肉を増やすボディメイクはあまり女性にマッチしません（誤解してほしくないので補足しておきますが、女性においても〝筋肉が少ない〟という状態はデメリットが大きいと思います。特に減量の果てに筋肉量が減ってしまっている人は、必ず取り戻してください。減った分を取り戻すという過程では、太るリスクもそう高くないはずです）。

では、特に**女性のボディメイクはどこに注力すべきか？　その答えが「姿勢改善」**です。例えば同じ体重の人でも、姿勢が悪い人のほうが、それだけで、〝見た目体重〟で3〜5kg分くらい太って見えることがあります。つまり、体重も筋肉の量も変えず、姿勢を改善するだけで、スリムな見た目に変えられる可能性があるということです！

⑦ストレスを無視しない

皆さんはストレスをたくさん抱えていらっしゃいますか？　誰しもありますよね。当然ながらストレスを全然受けない人なんていないと思います。でも、ストレスの受け止め方や対処法のうまい人のほうが、ストレスがたまりにくいんですよね。そもそも身に降り注ぐストレスの絶対量に個人差があることが前提ですが、**僕は受け止め方と対処法次第で、蓄積されるストレス値はある程度変えられる**と思います。

その受け止め方、対処法についてお話しする前に、僕のストレス対処法の大前提をお伝えします。僕は**「ストレスからは逃げる」**が最も有効な手段だと考えています。もちろん、逃げられないストレスだったり、乗り越える価値があるストレスであれば仕方ないのですが、逃げられるストレスなら、僕は戦わずして逃げることにしています。ですので、今、強いストレスを抱えていらっしゃる方は、逃げられるかどうかをご検討ください。とはいえ、**実はストレスから逃げること自体、かなりのストレスだったりします。僕も経験があります。でも、その一歩を踏み越えた後は、驚くほど人生が軽くなりました。**

よく人生１００年時代と言われます。仮に50歳の方でしたら、あと50年も人生があると考えてみてください。そうすると、自然と行動が変わるかもしれません！

ストレスをたくさん抱えている人は、「自分の力ではどうにもできないこと」にまで考え過ぎているケースが多いようです。「相手はどう思うだろう」「あの人にこうなってほしいな」などと。でも、**他人のことなんて、自分にはどうしようもできないんです。そう割り切ると少し気がラクになります。**

もちろん、気が合わない人も出てくるでしょう。ただしそんなことは当たり前。合わない人とは自然と距離ができていきますから、「嫌われないようにしなきゃ」などと考えなくてＯＫ！　自分がやるべきことさえできていればＯＫ！　そう考えるようにしてみてください。

さらに、ストレスを昇華する手段を持っているかどうかも重要です。端的に言うと趣味があるかどうか。楽しいと思えることや、心がやすらぐ瞬間を作れるかどうか。これがある人とない人では大きな差があります。ストレスを受けたとしても、趣味がある人は休みの日に趣味の時間を確保するだけでストレスを減らすことができます。

ですから僕は「**ダイエットを円滑に進めたければ、趣味を持って！**」とダイエッターの皆さんによく言います（筋トレが趣味になっている人って、うらやましい！）。

間違ったがんばり方ではなく、正しい知識と方法を理解することで、無理なく続けられる「ラクやせ」メソッド。改めて、そのベースとなる7か条をまとめておきます。

①「やせる方法」より、「太った原因」を知る
②過度な期待を捨てる
③他人と成果を比較しない
④身の丈に合った努力をする
⑤体重の増減に一喜一憂しない
⑥実は姿勢の改善で見た目は変えられる
⑦ストレスを無視しない

これからダイエットに挑戦する中で、不安に思ったり、悩んだりしたら、ぜひこの7か条を思い出してください。そしてこれを踏まえた上で、実際にどのように進めていけばいいかの道筋については、次のページで紹介します。これらをもとに、長期的視点で段階的にやせられる新ルール「ラクやせ」にチャレンジしてみてください！

個人の目標や進捗に合わせてステップを進めよう！

計太式「ラクやせ」ロードマップ

～2か月	～4か月	～6か月
STEP ① 運動習慣を身につける	STEP ② 食事を改善する	STEP ③ 睡眠を改善する
最初に「運動」を生活に組み込むという生活改善からスタート！	食べ過ぎる人は減らす、食べる量が少なさ過ぎる人は増やすことを検討！	睡眠不足はダイエットの天敵！
・時間は1回30分以上 ・頻度は週2回以上 ・1日約8000歩以上歩く	・摂取カロリーを適正化する ・PFC（タンパク質／脂質／炭水化物）バランスを整える ・食物繊維を意識する	・1日7時間が目安 ・中途覚醒がない ・寝不足を感じない

※①と②を同時進行できると理想的
※肥満体重（123ページ参照）の人は②を優先

2か月ごとの努力目標を全てクリアして
1年後の健康を獲得しよう！

~8か月 ⟪ ~10か月 ⟪ ~1年

STEP ④

姿勢を改善する

見た目を変えるため、まずは骨格のバランスを改善！

- 猫背を改善する
- 巻き肩を改善する
- 反り腰を改善する
- スウェイバックを改善する

STEP ⑤

運動強度を高める

運動強度を高めることで消費カロリーアップを狙う！

- 有酸素運動
→スピードアップ
- 筋トレ
→回数を増やす、メニューを変える、ダンベルを使う
- ダラダラする時間を減らす

STEP ⑥

摂取カロリーを減らす

運動も睡眠も食事も姿勢も整った状態で減量に挑む！

- PFCバランスはそのままを維持
- カロリーを全体の10%カットする
- 男性は1500kcal、女性は1200kcalを下回らないように意識する

※必要のない場合は、取り組まなくてもOK

※期間は目安です

心がバテない、
人生ラストダイエット

Let's start!

第1章

運動

編

「続けられる運動」から始めて
習慣化→強度アップ

Question 01

運動をせず、食事制限だけでやせられませんか？

「運動しなくてもやせる」は理論上、可能です。ですが、全くおすすめできません。**内容は何であれ、運動は必ずやるべき**です。例えば「私は運動が苦手だから」といって、食事量を減らすだけの減量生活に取り組んだとします。それで仮に体脂肪が減ったとしても、その過程で筋肉もかなり減り、骨にも悪影響を及ぼします。将来の健康は保証されません。

さらに、そういった方が仮にリバウンドしたらどうなるでしょうか？

やせ期間で脂肪も筋肉も減り、リバウンド期間で増えるのは脂肪ばかり。こうして隠れ肥満が完成します。マッチョになることが目的でない方にとっても、運動は必須だと思ってください。

では、皆さんがやるべき運動は何か？　大きく分けて3つあります。**「ストレッチ」「無酸素運動（筋力トレーニング）」「有酸素運動（ウォーキング、ランニングなど）」**です。その具体的な効果や取り入れ方については後述しますが、ダイエットを始めようという方にアドバイスするなら、まず、ストレッチは毎日行なうこと。筋トレは最低週2回、1回30分以上、さらに余力があれば有酸素運動（ランニング）をプラスしてください。

最初のうちは**「どんな運動をするか」ではなく「どんな運動なら続けられるか」を優先**して行なうのがベスト。まずは身体を動かす習慣を身につけることが大事です！

Answer

「運動なしでやせる」というのは妄想。どんな形であれ、運動は必須！

Question 02

運動に苦手意識がある上、運動する時間も取れません！

「運動」と聞いて、どんなことをイメージしますか？　ウォーキング、ランニング、筋トレ……。やせたいなら、これらの運動で消費カロリーを増やすことは大切ですが、消費カロリーを増やすアクションはこれらが全てではありません。

例えば、買い物に行く、料理をする、部屋の掃除をする、これらの活動全てでカロリーは消費されます。**横たわって寝ている時間以外、全ての動作が生活における活動**です。そう考えれば、たとえ運動をしなくても消費カロリーを上げることはできそうですよね。わざわざウエアに着替えてジムに行かなくても、掃除も買い物も含めて、**活動的に日々を過ごすこと自体をダイエット**と捉えることもできます。

Answer

形式的な運動より、日々の歩行数、活動量アップを心がける

日常生活におけるカロリー消費の目安
（体重60kgの場合）

活動	時間	消費カロリー
アイロンがけ	30分	57kcal
洗濯物の片付け	30分	72kcal
掃除機がけ	30分	104kcal
調理全般	30分	104kcal
部屋の片付け	30分	151kcal
散歩	1時間	221kcal
通勤や通学時の歩行	1時間	252kcal

出典：改訂版『身体活動のメッツ（METs）表』（国立健康・栄養研究所）を参考に作成

実は、運動習慣がある人は日本国民全体で3割程度[*2]とまだまだ少ない上、生活上の活動量も下がっている印象があります。この数年で、自宅勤務が増えたことも一因だと思います。
　ちなみに**厚生労働省の基準による目標歩行数は、1日約8000歩**です。運動習慣もない、歩行数も少ないという人は危機感を感じて、まずは日々の活動量アップを意識してください。

Question 03

まず、どんな運動から始めたらいいですか？

運動の初心者さんに向けた運動のステップアップ術を解説します。

原理原則はこれまでお話ししてきたことと一緒です。**いきなりがんばり過ぎず、今の生活に＋5％分の努力を上乗せして、生活になじんでから次のステップへ進む**こと。ですから、**「これなら続けられる！」と思えるレベル**に調整してください。

初期：毎日ストレッチ
中期：毎日ストレッチ＋週2回筋トレ
後期：毎日ストレッチ＋週2回筋トレ＋週2回有酸素運動

まずは、**わずかでも生活に変化を加えられる**ことが大切です。10分でもいいのでストレッチをしてください。おすすめのタイミングはお風呂上がりです。当たり前になるまで継続しましょう。慣れてきたら時間を20分に延長しましょう。

ストレッチが習慣化されたら、簡単な筋トレを追加します。68～71ページで示している自宅でできる筋トレメニューを参考にしてください。さらに慣れたら、有酸素運動を追加しましょう。まずは普段より少し速いスピードでのウォーキングを20分実施してください。筋トレの直後でも、日を分けてもかまいません。**ご自身にとって最も取り組みやすいタイミングでOKです。**

ここまで達成できれば十分。後は目標に応じて、強度を高めていくだけです。最も大きな壁である「生活を変える」は成功したことになります。

Answer

ストレッチ↓筋トレ↓有酸素運動と、段階的に「運動」をプラス！

Question 04

やせるにはやっぱり筋トレが必要ですか？

僕はトレーナーですので、**基本的には筋力トレーニング＝筋トレをおすすめしていますが、正直、運動なら何でもいい**と思っています。実際に筋トレなしでやせられている人は山ほどいます。結局のところ、消費カロリーを増やすことができれば何でもいいのです。ですから、**どんな運動が効率的かを考えるより、あなた自身が「どんな運動なら前向きに取り組むことができて続けられそうか？」を優先**して考えてほしいのです。その上で、僕が筋トレをおすすめする理由をお伝えします。

そのためにまず、およそ皆さんがイメージしやすい運動の種類と、それぞれの主たる効果を解説します。ただ、運動の目的は人それぞれですので、あくまでも僕の視点でそれぞれの運動が何に適しているかについてお話させてください。

■ランニング

心肺機能の向上、血管機能の向上（血圧の正常化）、体力の向上などの効果があります。**運動中のエネルギー源として脂質を比較的多く使う運動なので、**[*3] **脂肪分解に対して効率的**であると言えます。逆に筋トレでは主に糖質をエネルギー源として消耗すると思ってください。ただし、総エネルギー消費量という視点の比較では、どちらが有効とは言えません。それは、運動の強度次第です。

■ストレッチ

疼痛《とうつう》の緩和、むくみの解消、関節可動域の改善、姿勢改善などの効果があります。また、運動パフォーマンスを向上させるという報告もあります。[*4] たとえ、**筋トレが苦手な人でも、せめてストレッチだけでもやっておけば、身体にとてもいい影響**を与えます。

■ヨガ

一般的にはストレッチと同じように扱われることが多いです。**やり方次第で筋トレのよ**

うに負荷をかけることもでき、いろんな応用的な使われ方もされています。ですが、ヨガの発祥からひも解くと、**根本的には心のトレーニングのような位置づけ**です。「アーユルヴェーダ」というインドに古くからある医学でもヨガが用いられており、その中で心の乱れを整えるために瞑想があるのですが、その瞑想を実施しやすいよう、いくつかのヨガのポーズが考え出されました。今では多様なヨガのポーズがあり、筋肉への影響なども語られるようになっています。

■ピラティス

もともとは、負傷した軍兵のリハビリとして開発されたメソッドです。今では、身体の機能改善、疼痛の緩和、姿勢改善などを目的に実施されることが多いようです。個人的には**身体を適切に使うための訓練**という認識です。

■筋トレ（筋力トレーニング）

筋量増加、筋力向上、姿勢改善、体力向上、代謝の低下を防ぐ（改善する）などの効果が期待できます。一般用語として、筋トレの定義はかなり曖昧で広義です。自宅で行なうスクワットも筋トレですし、ジムでバーベルを担いで行なうスクワットも筋トレです。要するに筋肉に対して負荷を加える運動だと言えます。であれば、ピラティスもヨガも筋トレに含まれます。ですので、**筋トレは、筋肉の成長に特化した運動**と考えましょう。僕が筋トレをおすすめしている理由はここにあります。

人間の身体は基本的に20歳前後を境に筋肉量が減っていきます。そして筋肉の量と基礎代謝は比例関係にあります。つまり、**加齢と共に筋肉の量が減り、その分だけ基礎代謝も下がるということ。すなわち代謝の視点で言えば太りやすくなる**ということ。ここに歯止めをかける最善の手段が筋トレということになります。ですので、昔よりやせにくくなったと感じる人、将来太りやすい身体になりたくない人には筋トレがおすすめです。

Answer

やせやすく、太りにくい身体を目指すなら、筋トレが最適解！

Question 05

運動は1回何分、週に何回くらいやればいいのですか？

厚生労働省は、運動習慣者の基準を、**「1回30分以上の運動を、週2回以上実施し、1年以上持続している人」**と定めています。まずは、この基準を目標にしましょう。実施のタイミングは〝いつでもいい〟が僕の答え。「午前中に運動を実施すると食欲が収まる」ということを示したデータ[*5]などもありますが、それより大前提として考えるべきことは「継続できるかどうか」です。皆さんの生活上、どの時間であれば、最もストレスなく運動を取り入れられるか、続けられるかを考えるほうが長い目で見て効果的です。

併せて、運動習慣を獲得した後のアドバイスもお伝えします。1回30分の運動を週2回実施できるようになったら、目標に応じてレベルを上げていくことになります。

運動のレベルを高める方法はいくつもあります。頻度を増やす、回数を増やす（スクワット10回→20回など）、重りを持つなどして負荷を増やす、時間を長くする、休憩時間を短くするなどです。それらの中でも特に優先していただきたいことは**「頻度を増やす」**こと。なぜなら、**頻度を増やすことが最も生活の変化が大きい＝難易度が高い**からです。

そして頻度を増やしたら、強度を上げることを検討しましょう。**筋トレなら1セットあたりの回数を増やしたり、重りを持ったりすることで強度が上がります。**ランニングなどの**有酸素運動なら、速度を上げることで強度アップ**につながります。

Answer

1回30分の運動を週2回から。徐々に頻度を増やしていければベスト

Question 06

ジムトレVS宅トレ、どちらがいいですか？

どちらにもメリットがあります！　また皆さんの目標によって、ジムでのトレーニング（ジムトレ）と自宅トレーニング（宅トレ）、どちらがいいか変わってきます。

まず、筋肉をしっかりと成長させたい人にはジムトレが最適です。**ジムトレと宅トレの最大の違いは「運動の負荷」**です。ジムでは、マシンやダンベルを用いて負荷を高めることができます。一方、宅トレは、自分の体重が負荷となるため、負荷は一定です。この負荷の差は、筋肉に与える刺激の差となります。当然、**負荷を高めやすいジムトレの方が、筋肉を増やす、筋力を高めるという点においては圧倒的に適している**と言えます。

おそらく女性の場合、しっかり筋肉を大きくしたいと考える人は少なく、せいぜい昔あった筋肉を取り戻したい！　といった人が多いでしょう。この場合、宅トレでも十分な効果を見込むことができます。また、自宅での運動習慣を身につけることができれば、生活の隙間時間で運動ができる点でもメリットは大きいです。ジムまで移動する必要もなければ、着替えもメイクも必要ありません。宅トレ派の特権ですね。

また、**姿勢の改善による〝見た目やせ〟を目的とする場合も、宅トレ**で十分です。姿勢を改善するためには、硬くなっている筋肉を緩めて、弱くなっている筋肉を鍛えることが原則。加えて、日常に潜む、姿勢を崩す〝クセ〟を排除することが大事です。これらはジムに行かなくても可能です。

しっかり筋肉を育てたい人はジムトレ、筋肉を昔のレベルに戻したり、姿勢改善が目的の場合は宅トレをおすすめします。

Answer

筋肉を成長させるならジムトレ、姿勢改善の〝見た目やせ〟なら宅トレ

Question **07**

体重より見た目が気になります。やせ見えするのにいい方法はありますか？

まずは見た目を変えたい。そんな方には姿勢改善を考えてほしいです！　実際に、**同じ体重でも姿勢が悪い人と良い人を見比べると、見た目体重に大きな差が生まれます。**　だからこそロードマップで示したように〝摂取カロリーを減らす〟ことより先に検討していただきたいアクションです。

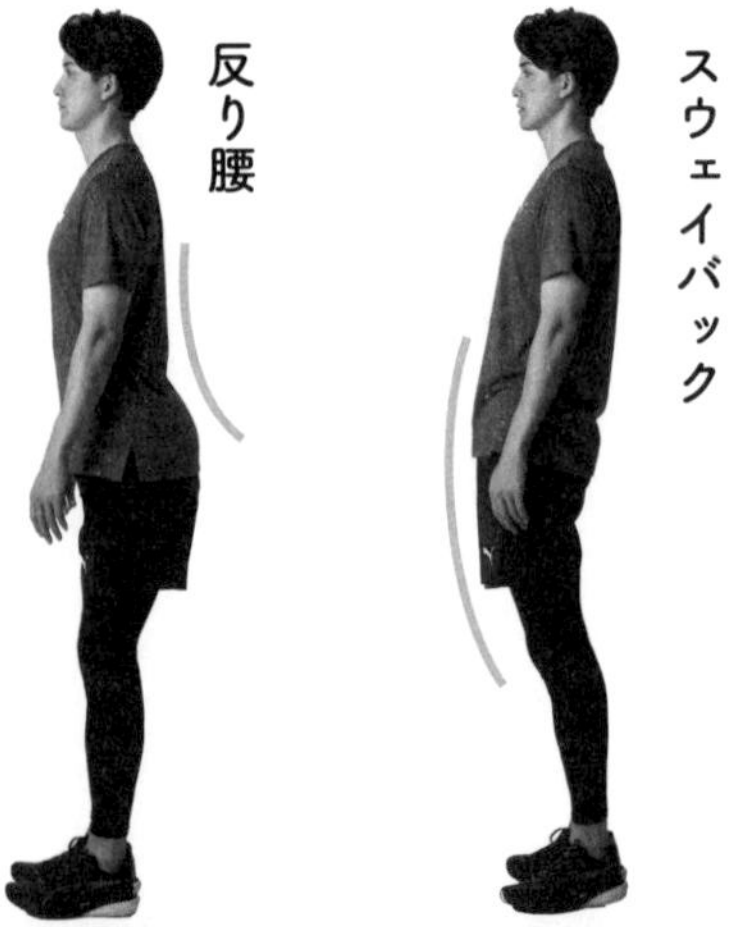

	反り腰	スウェイバック
	・ぽっこりお腹 ・肋骨が広がる ・腰痛	・ぽっこりお腹 ・ヒップダウン ・腰痛
	・股関節の前、腰	・お尻、太もも裏
	・お腹、お尻、太もも裏	・お腹、股関節の前

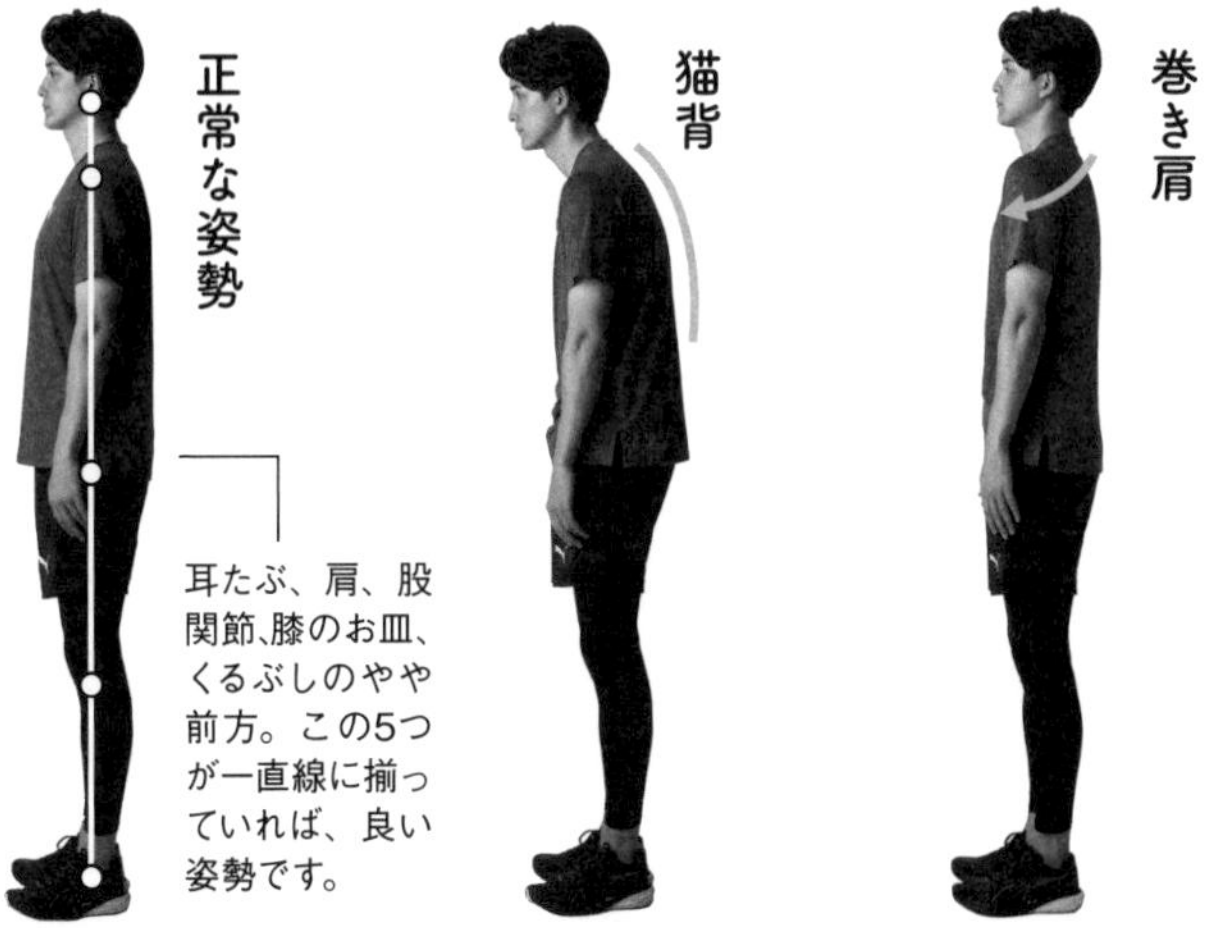
正常な姿勢
猫背
巻き肩
耳たぶ、肩、股関節、膝のお皿、くるぶしのやや前方。この5つが一直線に揃っていれば、良い姿勢です。

デメリット	・背中が大きく見える ・バストダウン ・肩こり、腰痛	・背中が大きく見える ・バストダウン ・肩こり、腰痛
ストレッチの部位	・胸、腕	・胸、腕
エクササイズの部位	・背中、お腹	・背中、肩、お腹

ですが、姿勢不良にはいくつかのタイプがあり、それぞれ改善策も異なります。

ここでは、代表的な姿勢不良の例とそれぞれの改善策について解説します。

まず初めに、姿勢改善のための3つのアクションをお伝えします。それは**「硬くなった筋肉をほぐす」「使えていない筋肉を動かす」「日常生活で正しい姿勢を意識する」**です。次ページで姿勢別に解説します。

姿勢改善で重要な一歩目は「自分の姿勢タイプを知ること」です。腰の高さで身体を横から撮影し、前のページの写真を参考にして、ご自身の姿勢を評価してみてください。

さらに姿勢のタイプ別に効果的なストレッチ、エクササイズを64〜71ページで紹介していますので、こちらも参考にしてください。

①猫背

肩甲骨同士が左右に広がり、胸あたりの背骨（胸椎）が曲がった姿勢。背中が広く見えます。また、肩・首回りの筋肉が引っ張られるので肩こりになりやすいです。

対策としてはストレッチの01、03、エクササイズの01、02、06がおすすめです。

②巻き肩

腕が内巻きにねじれて、肩が前に出ている姿勢です。肩甲骨が左右に広がりつつ、持ち上がるので、肩をすくめたような姿勢になり、上半身が大きく見えます。

対策としてはストレッチの01、02、03、エクササイズの01、02がおすすめです。

③反り腰

骨盤が前に傾いて腰を強く反った姿勢です。お腹に力が入りにくいので、ぽっこりお腹を誘発します。さらに、肋骨も開きやすくなるのでくびれを作りにくいケースが多く見られます。

対策としてはストレッチの03、06、07、エクササイズの02がおすすめです。

④スウェイバック

骨盤とお腹を突き出したような姿勢。または、上半身を後ろに引いたようなスウェイバックパターンもあります。もともと、腸腰筋が弱いと言われる日本人に多い姿勢不良です。お腹が大きく見えやすく、お尻も垂れて見えます。

対策としてはストレッチの04、05、エクササイズの02、03、04、08がおすすめです。

Answer

体重を減らさずとも姿勢を改善すればスマートな見た目が手に入る！

Question 08

ともかく身体を「引き締め」たいんです！

この「引き締める」という言葉、多くのダイエッターにとって常に魅力的であると同時に、抽象的で、ＳＮＳなどの発信者にとってはかなり便利な言葉でもあります。どちらかと言うと「体重は関係なく、見た目をスッキリさせる」「ぷにっと感を減らす」という意味に近いかと思います。

では「ぷにっと感」の正体は何か？　それは**体脂肪率の高さ**、言い換えれば**筋肉量の少なさ**です。

実際に、同じ体重でも、体脂肪率が高い人と低い人では、見た目体重に差が生まれます。昔から運動不足、または過度な減量により、筋肉が減ってしまった過去があるのかもしれません。この場合、筋肉量を増やすことで見た目の改善が期待できます。

また、人間の身体は皮膚と、その深層にある筋膜という薄い膜によって全身でつながっています。そう考えると**身体のたるみは全身に波及**するとも考えられます。

仮に全身の筋肉が減ってしまった場合は、比較的脂肪が付きやすい二の腕、お腹回り、太もも回りに〝たるみ〟が発生しやすくなります。

だからこそ、全身の筋肉に対してトレーニングをすることで、筋肉と皮膚にハリを持たせることが必要なのです。

Answer

「ぷにっと感」の正体は筋肉量不足。筋トレで筋肉と皮膚にハリを!

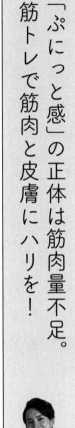

Question 09

有酸素運動ではどれくらいの心拍数を目安にすればいいのですか？

有酸素運動ってどれくらいの強度でやればいいのか不安になりますよね？　確かにがんばればがんばるほどしんどい分、カロリーはたくさん消費されることになりますが、実は**脂肪燃焼の効率を考えた場合には、きつ過ぎない程度がベスト**です。

一般的に、目安は【最大心拍数の65％】が良いとされています。[*3]

最大心拍数は220−年齢で、簡易的に推定値を計算できます。つまり40歳の人であれば、220−40＝180。この65％、180×0・65＝117bpm（bpm＝1分間の心拍数）が目安となります。きつ過ぎない強度が良い理由は、運動強度によって運動中に使われるエネルギー基質の割合が変化するからです。

無酸素運動では糖質が主なエネルギー源になるのに対し、有酸素運動では脂質の消費量

Answer

有酸素運動の目安は最大心拍数の65%。きつ過ぎない強度が脂肪燃焼に効果的

運動強度とエネルギー燃焼量の関係

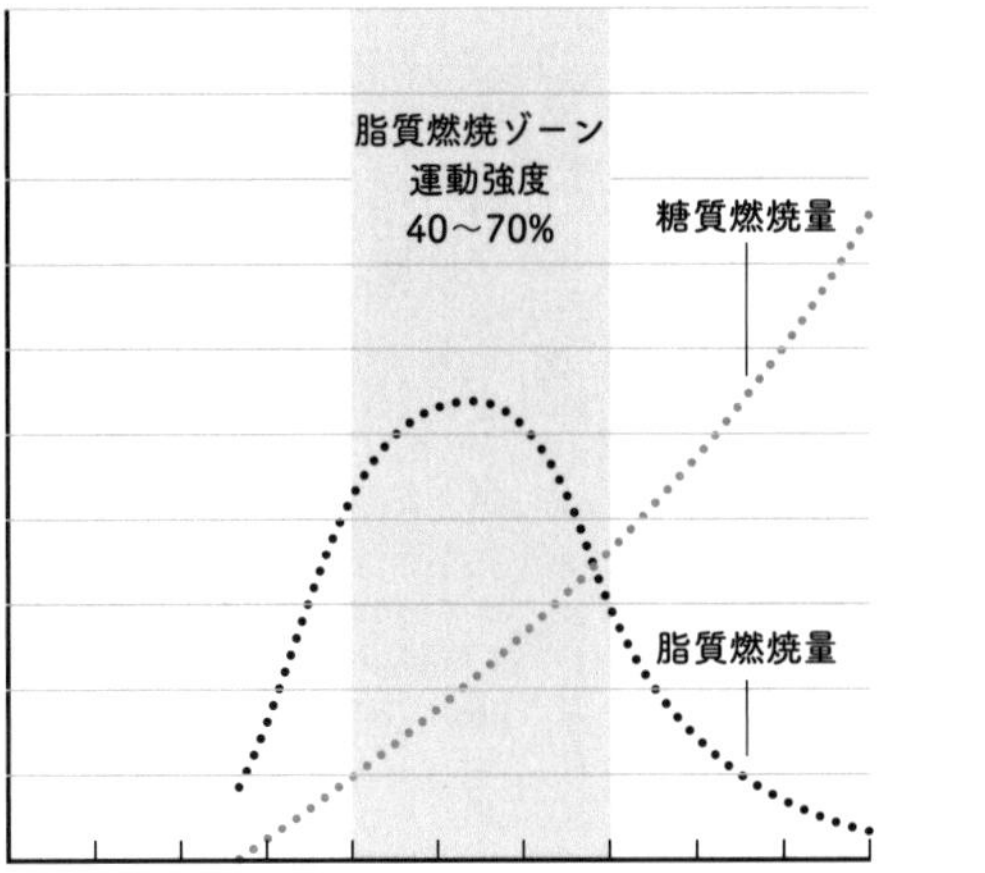

出典：セイコーエプソン「生活習慣改善プログラム」をもとに作成

利用されているエネルギー源を見ると、中強度では脂質比率が高く、高強度では糖質比率が高まる。

が比較的多いので、脂肪燃焼の目的ではきつ過ぎない程度の有酸素運動がベスト。

ちなみに、心拍数の測定ができない場合は、**「息は軽く上がっているけど、軽い会話ならできる程度」を運動強度の指標**とイメージしてみてください。それがおよそ中強度の有酸素運動です。

Question 10

筋トレがちゃんと効いているのかわからないのですが。

YouTubeを見ながら筋トレをやってみたけれど、狙っている筋肉をうまく使えているかどうかわからない。これも筋トレ初心者あるあるです。でもこれは、誰もが通る道なので安心してください。できることなら、皆さんの身体や動きをチェックしたいところですが、それはかなわないので、参考になるアドバイスをさせていただきます。

結論から言うと、まずは**ストレッチをうまくなっていただきたい**です。例えばトレーニングがうまくできない人は、そもそも「適切な関節可動域を確保できていない」「フォームが悪い」などといった背景があったりするのですが、別の視点としては筋肉と脳の神経回路が弱くなっているという可能性もあります。

人間の筋肉は脳からの指令で動きます。そして動いた結果のフィードバックも脳に返ってきます。力が入っている感覚などがそうです。筋トレで狙っている筋肉に効いているかわからない人は、このフィードバックの神経回路が弱くなっていて、筋肉がどうなっているかを脳が受信できていない可能性があります。

まずはストレッチをがんばってみてください。ストレッチで「狙った筋肉を伸ばせている」という感覚を得ることが大事なのです。**ストレッチと筋トレは全く別もののようですが、筋肉自体の動きは似ています。筋肉は伸びる・縮むしかないから**です。実際に、筋トレ中も筋肉を伸ばして縮めて、の繰り返し。**まずはストレッチで「伸ばす」をうまくなりましょう。そうすれば、狙った筋肉を動かす感覚を養うことができます。**

Answer

ストレッチが上達すると、筋肉の動きに敏感になり、効果も実感できる

Question 11

「部分やせ」をすることはできますか？

身体の一部だけが気になることってありますよね。二の腕、お腹、腰回り、太もも、このあたりが相場です。このテーマでも皆さんには現実的なアドバイスをしたいと思います。

結論として、部分やせはできません。**体脂肪は全身から分解されていくもので、特定の部位の脂肪を優先的に分解するということはできない**んです。ですが、部分的に見た目を変えることは可能です。作戦は次の3つです。

①特定の筋肉への負担を軽減して〝張り〟を減らす

例えば脚部に問題あって、その分太ももの筋肉への負担が大きくなって張っているとします。この場合、脚部の問題を取り除くことで張りが減ります。これを脚やせと言いますが「張ってしまった分を減らすだけ」ということを認識しておいてください。

②むくみの解消

当然むくみが減ればその部位は物理的に細くなるので、確かに部分やせと言えるかもしれません。特に女性はむくみやすい傾向がありますので対策は考えておきましょう。これについては134～135ページで詳しく解説します。

③姿勢改善

例えば反り腰の人はお腹がぽっこり見えることが多いです。そのため、反り腰を改善できれば、体重が減らずとも、また、脂肪の分解が起きずとも、お腹の見た目を変えられます。

Answer

「部分やせできる」というのはウソ！
ただし「部分やせ見え」は実現可能

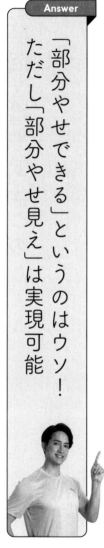

Column
— 01 —

筋肉を増やす3つのルール

本書ではあまり触れない「筋肉を増やす（＝筋肥大）」ための情報です。残念ながら、特に女性にとって筋肥大は困難な道のりです。とはいえ、特に筋肉量の少ない方には、これらの努力を検討していただきたいので、筋肥大の条件を3つに絞って解説します。

①過負荷

自重トレーニングでの筋肥大は、不可能ではないですが、すぐに頭打ちとなります。ですので、ジムである程度の重さを扱う必要があります。具体的な重さや頻度の設定は、8～12RMの重さで、1回3セット以上、週に2回以上の頻度が筋肥大のためのルールです。RMとは「～回しか上げられない重さ」だと認識してください。約10回で限界を迎える重さなのでそれなりにきついです。

②休養

高負荷の刺激が毎日同じ部位に加わるとオーバーワークとなり、かえって筋肉が成長しないケースがありますので、1〜2日ほど休養を取ってください。ちなみに、マッチョたちは、ほぼ毎日トレーニングをしていますが、日によってトレーニング部位を分けることで、筋肉に休養を与えています。

③栄養

今よりも筋肉を大きくさせるわけですから、その分栄養も必要になります。やせるための摂取カロリーの設定のままでは筋肉は増えないと考えてください。例えるなら、大工さんに大きな家を建ててくださいと依頼したのに、木材は与えない、そんな状況です。

脂肪も減らしながら筋肉も増やしたい、と考える方がいらっしゃいますが、現実的ではありません。やせるか、筋肥大か、どちらかに狙いを定めましょう。

まずは
ここから実践！

運動習慣を身につける

\Basic/ ストレッチ&エクササイズ

ダイエットに限らず、健康な身体を維持するには運動が不可欠。このパートでは、運動が苦手な人や運動習慣がない人もトライしやすい、基本のストレッチとエクササイズを紹介します。まずは自分がやりやすいと思える種目からでOK。コツはストレッチ種目を多めに取り入れること。シンプルな動きでも、続けていくうちに、身体が変わっていくのを感じ取ることができるはずです！

01

上半身改善のキーポイント

胸のストレッチ

猫背や巻き肩の改善には必須のストレッチ。継続すると肩こり改善にもつながります。

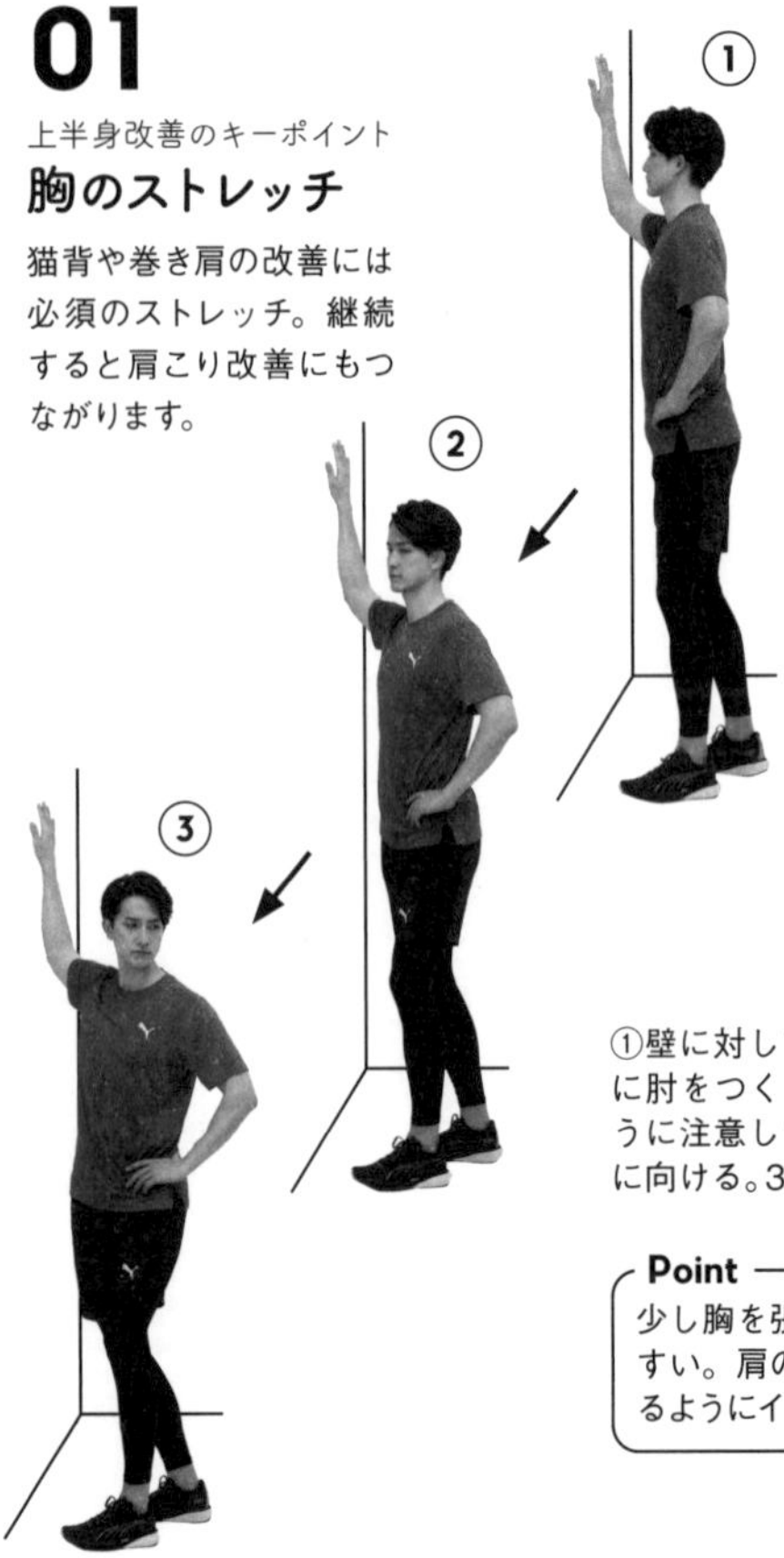

①壁に対して肩よりも少し高い位置に肘をつく　②③肩が上がらないように注意して身体をゆっくり反対側に向ける。30秒キープで左右行なう。

Point

少し胸を張りながらやると伸びやすい。肩の付け根を胸から遠ざけるようにイメージして実施しよう。

Stretch

〝運動がうまくなる〟
ファーストステップ

ストレッチ

運動初心者や身体が硬いという方でも気軽に始められるのがストレッチ。「狙った筋肉を伸ばせているか」に意識を集中し、硬くなっている筋肉を緩めることからスタート。ストレッチをきっかけに運動習慣を身につけることで、身体の使い方が理解できるようになります。

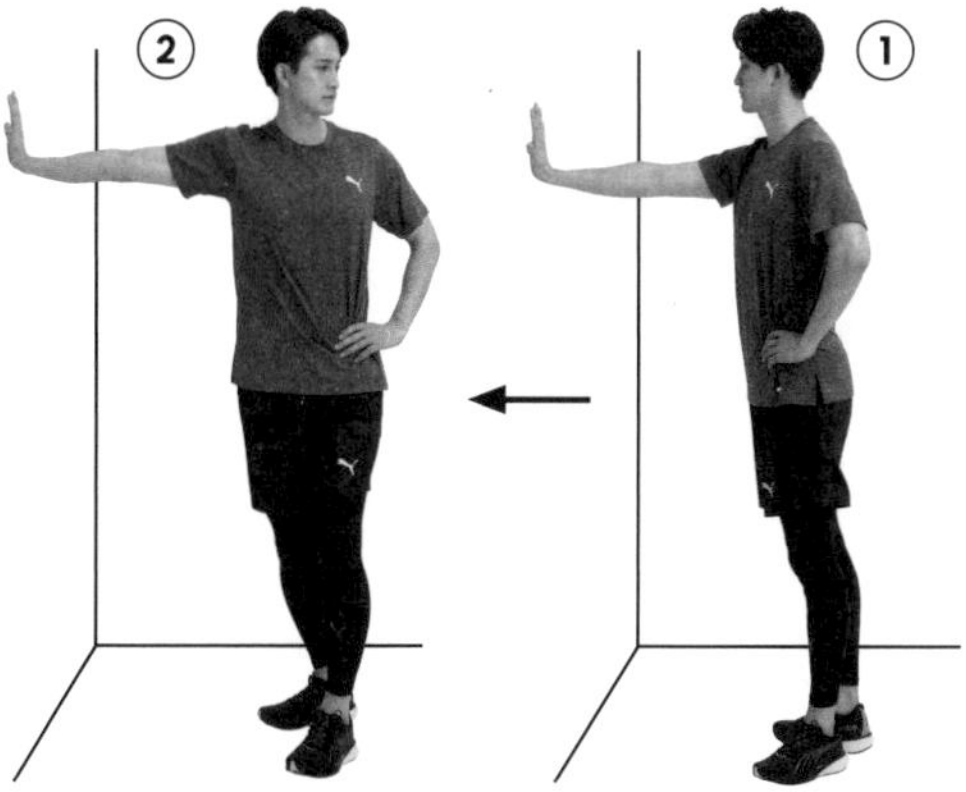

02

実はみんな意外と硬い……

上腕のストレッチ

特に巻き肩改善に効果のあるストレッチ。デスクワーク時間が長い人ほど硬くなりやすいです。

①指が上を向くように手を壁につける ②腕全体をねじり、そのまま身体を反対側に開く。30秒キープで左右行なう。

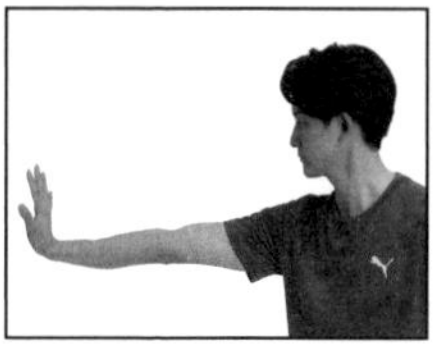

Point
身体を開く時に肘が曲がらないように注意しましょう。少し壁を押しながら動作すると伸ばしやすい！

03

腕がすっきり軽くなる！

背中のストレッチ

猫背、巻き肩の人や、反り腰の人に効果が高いストレッチ。継続すると肩こりの改善にも役立ちます。

Point
手と腰を遠ざけるイメージを持つと、狙いの筋肉がよく伸びます。

①四つ這いになり、左手を斜め前の遠くに置く　②背中を少し丸めながら少しだけ重心を後ろに引く ③身体を左側へ倒す。30秒キープで逆側も行なう。

04

腰痛ケアにも効果絶大！

お尻のストレッチ

スウェイバックや腰痛持ちの人には、必ずやってほしいストレッチ。人によってはヒップアップの効果も期待できます。

①片脚の膝を約90度の状態で前に出す ②骨盤を立てておへそを床に近づけるように倒す。30秒キープで左右行なう。

骨盤を立てずに腰が丸まってしまうのはNGフォーム。難しい人は、お尻の下にクッションを置いてみて。

05

むくみ対策にぴったり！

太もも裏&ふくらはぎのストレッチ

こちらもスウェイバックの人や腰痛持ちの人には必ずやってほしいストレッチ。むくみ対策に最適。

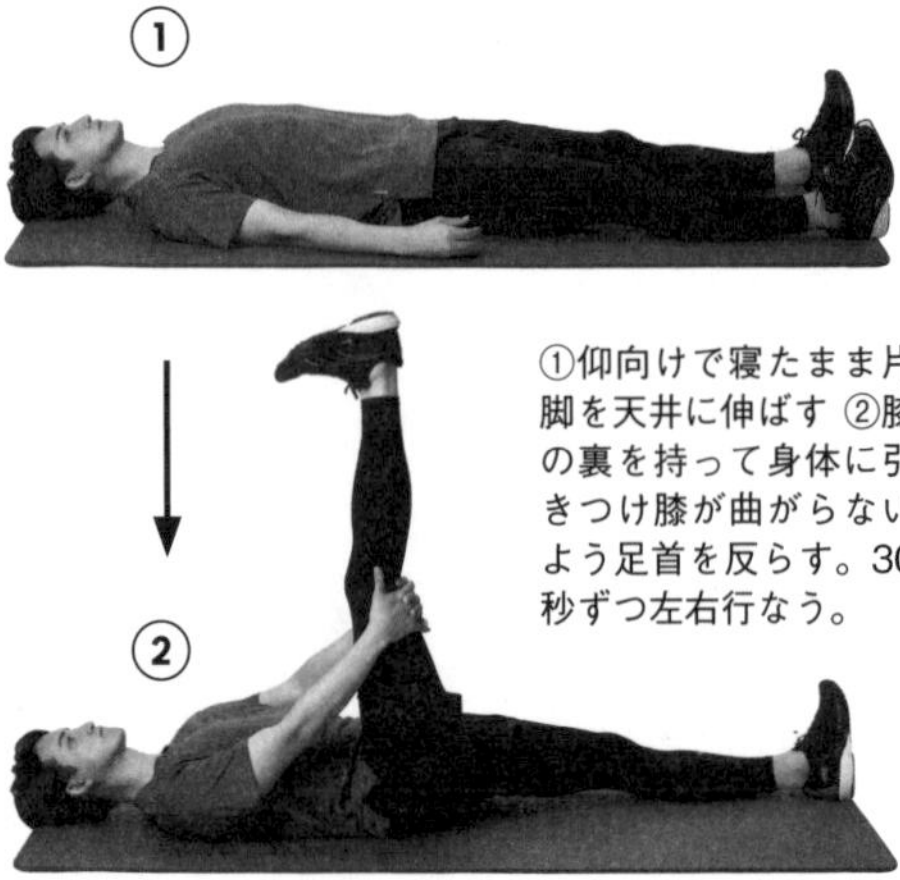

①仰向けで寝たまま片脚を天井に伸ばす ②膝の裏を持って身体に引きつけ膝が曲がらないよう足首を反らす。30秒ずつ左右行なう。

腰が丸くなってお尻が浮いてしまうのはNGフォーム。動作が難しい人は膝を持つのではなく、足にタオルをかける形でトライしよう。

06

柔軟な背骨で体調も整う！

腰と背骨のストレッチ

腰を丸めることで、反り腰改善の効果があります。背骨のストレッチは自律神経にも好影響があると考えられています。

①四つ這いになる ②手で床を押しながら、腰を丸める意識を持って背骨全体を丸める。

首が曲がり過ぎないように注意して。腰の骨を中心に丸めるイメージが大切です。

07

脱・反り腰ストレッチ！

腸腰筋ストレッチ

反り腰の改善に必須の腸腰筋ストレッチ。反り腰由来の腰痛がある人にとっては腰痛改善にもつながります。腰を少し丸める小さな動きでOK。

腰を反ってしまうのはNGフォーム。恥骨を前に押し出すイメージで骨盤を後傾させてください。

①片脚を前に出し骨盤を後傾させる ②余力があれば少しずつ重心を前に出す。30秒キープで左右行なう。

Exercise

簡単でも効果抜群！
基本のエクササイズ

エクササイズ

ストレッチで筋肉の柔軟性が高まり、動きやすい身体を手に入れたら、自宅でも簡単にできるエクササイズにステップアップ！　今回紹介する種目はいずれもスローな動きなので、効かせる筋肉を意識しながら丁寧に行なうのがコツ。慣れてきたら回数を増やしましょう。

01

猫背、巻き肩改善エクササイズ

腕ねじり

巻き肩の人は腕が内巻きにねじれているので、逆側にねじってしっかりキープ！　普段使われない筋肉を刺激しましょう。猫背の方にもおすすめ。

①

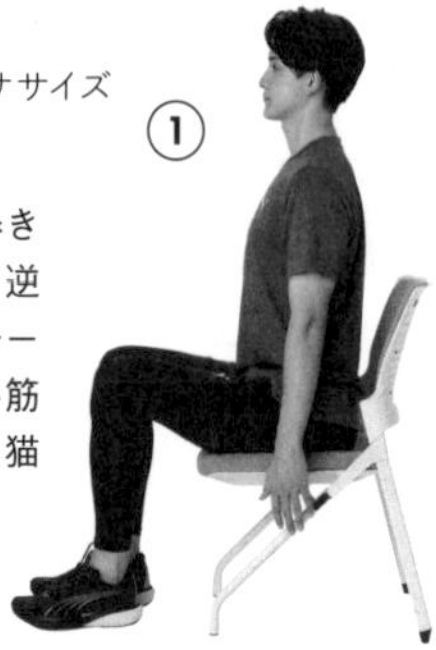

②

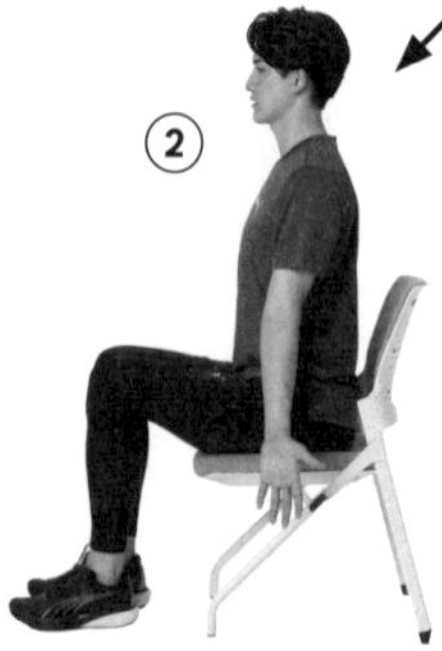

①背筋を伸ばして座り、腕を真っ直ぐに下ろす ②手のひらが外側に向くように腕からねじり、肩の奥がじんわり疲れるような刺激を感じたまま10秒×3セット。

NG

肩甲骨を寄せ過ぎたり、上がったりするのはNGフォーム。腕をねじる動作だけに集中しましょう。

02

呼吸だけでもしっかり効く！

ドローイン

お腹のインナーと腹斜筋を刺激。肋骨を締める効果も期待できます。全ての姿勢不良タイプの方にやってほしい簡単エクササイズです！

② ①

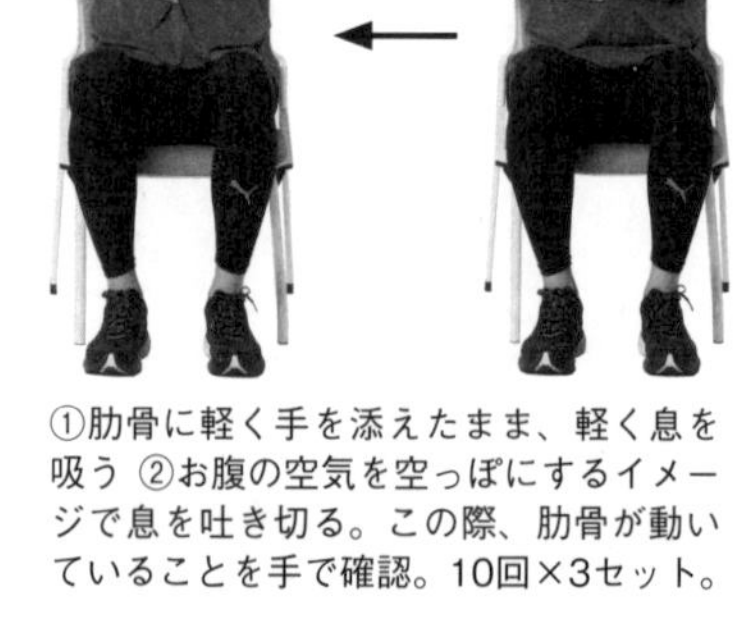

①肋骨に軽く手を添えたまま、軽く息を吸う ②お腹の空気を空っぽにするイメージで息を吐き切る。この際、肋骨が動いていることを手で確認。10回×3セット。

Point

とにかく〝最後まできっちり〟を意識。しっかり凹ませる＋しっかり息を吐き切ることが大事！

03

全ダイエッターの必達課題

ヒップヒンジ

股関節の使い方、体幹部のコントロールが上達します。あらゆるトレーニングをするためにも、最初にうまくなってほしい動作です。10回×3セットが目安。

Point

棒を頭と背中とお尻に当てたまま練習すると上達します。フローリング用のお掃除ワイパーも活用して！

①腰幅に立つ ②膝を軽く緩めたまま、背中を丸めずに、お尻を後ろに引く。

①骨盤を立てたまま座る ②骨盤が動かないよう太ももを持ち上げる。左右10回×3セット。

04

座ったままヒップアップできる!?

もも上げエクササイズ

体幹部と下半身をつなぐ大切な筋肉、股関節の付け根（腸腰筋）のエクササイズ。スウェイバック改善やヒップアップの効果が期待できます。

腰を丸めると脚は高く上げやすいが、これはNGフォーム。動作が小さくなろうとも、骨盤は固定すること。

05

上半身の主要トレーニング

膝つきプッシュアップ

胸、二の腕など上半身の筋力アップに効果あり。特に女性は上半身の筋肉が少ない傾向にあるのでがんばりましょう。10回1セットで3セットが目標。

①

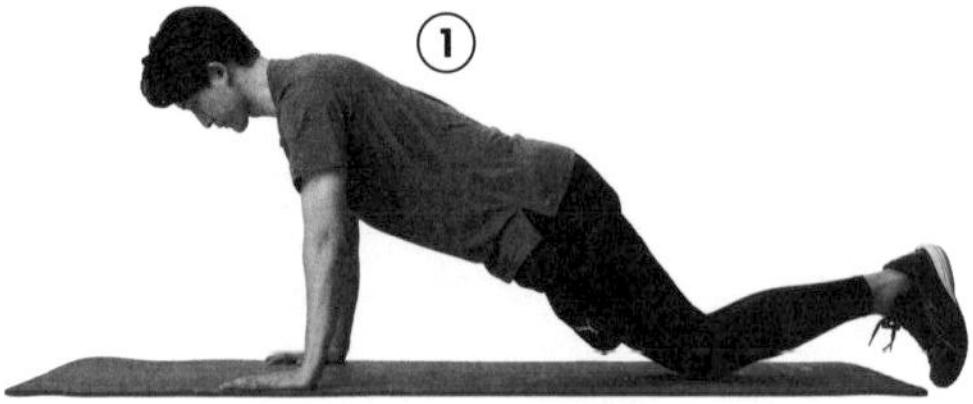

②

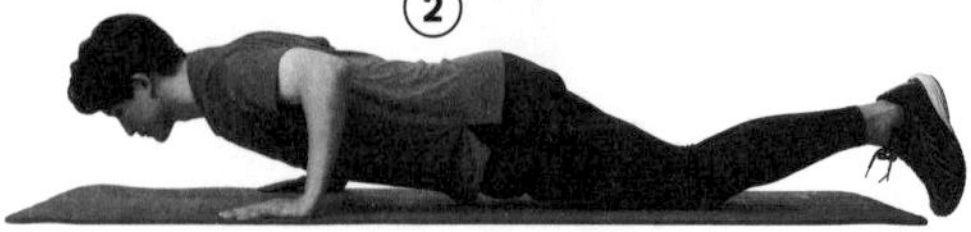

①肩幅よりも広い手幅のスタンスを取る　②手と手の真ん中に胸を落とし、その後、腰が反らないようにゆっくり上がる。

上がってくる時に胸だけ先に上げるのはNGフォーム。頭と胸とお腹は常に一直線を意識して実施してください。

06

簡単背中トレーニング

片腕スノーエンジェル

背中の筋肉の活性化に最適。また腰を反らずに胸を反るイメージを持つことで猫背改善にも役立ちます。

①

②

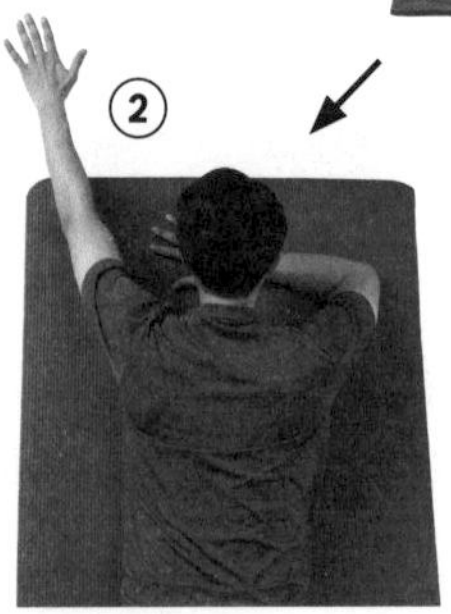

①うつ伏せのまま片腕を伸ばす ②大きな弧を描くようにゆっくり下へ ③肩甲骨を下げながら太ももを小指でタッチ。左右10回×3セット。

③

Point

腰を反らし過ぎないようにしましょう。小指で太ももをタッチする時、なるべく遠い位置に届くように意識してください。

07

美尻&美脚トレーニング

クラムシェル

お尻のインナーマッスルを鍛えられるので、ヒップラインが整います。特に内股気味な人は美脚効果が期待できます。

骨盤を後ろに倒すと、脚は開きやすいですが、NGフォームです。しっかり固定しましょう。

①膝が90度で揃うように横向きに寝る　②かかと同士は触れたまま膝をゆっくり開く。左右10回×3セット。

08

バランスキープが難しい!

エアプレーン

特にヒップダウンしている人にやってほしいトレーニングです。ただし、まずは「ヒップヒンジ」(03)をうまくなる必要があります。

①腰幅で膝を少し緩めて立つ　②片脚を後ろに上げ、股関節から曲げるようにお辞儀をする。左右10回×3セット。

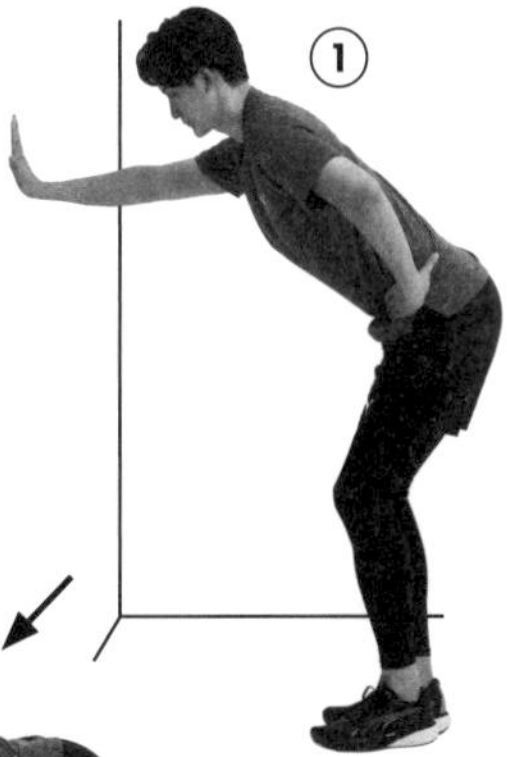

腰が丸くなってしまうのはNG。難しい人はまずはヒップヒンジの練習をがんばってください。

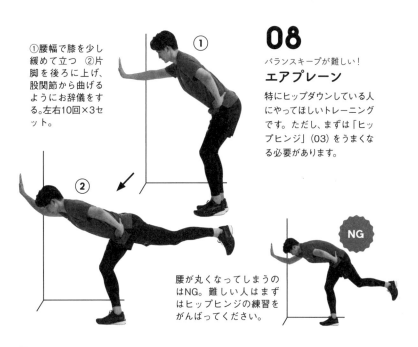

第1章 運動編 まとめ

□「運動なしでやせる」というのは妄想。どんな形であれ、運動は必須！

□ 形式的な運動より、日々の歩行数、活動量アップを心がける

□ ストレッチ→筋トレ→有酸素運動と、段階的に「運動」をプラス！

□ やせやすく、太りにくい身体を目指すなら、筋トレが最適解！

□ 1回30分の運動を週2回から。徐々に頻度を増やしていければベスト

□ 筋肉を成長させるならジムトレ、
姿勢改善の〝見た目やせ〟なら宅トレ

□ 体重を減らさずとも、
姿勢を改善すればスマートな見た目が手に入る！

□「ぷにっと感」の正体は筋肉量不足。
筋トレで筋肉と皮膚にハリを！

□ 有酸素運動の目安は最大心拍数の65%。
きつ過ぎない強度が脂肪燃焼に効果的

□ ストレッチが上達すると、筋肉の動きに敏感になり、
効果も実感できる

□「部分やせできる」というのはウソ！
ただし「部分やせ見え」は実現可能

第2章

食事・栄養

編

「制限」ではなく「適正」化を
食欲の安定が成功のカギ

Question 12

朝食を抜くと、やせにくくなるというのは本当ですか?

朝食を食べる習慣がない人、そもそもお腹が空かない人っていますよね。皆さんはどうですか? 結論から言うと、朝食を含めて1日3食は食べるべきです。理由を解説します。

ダイエッターにとって朝食を食べないことのデメリットは、①昼食で必要以上に食べてしまう、②昼食後に余計なお菓子を食べる可能性が高くなる、の2点。要するに、食欲が乱れる可能性が高くなるのです。実際に、**朝食習慣がない人に朝食を摂る生活に整えてもらうだけで、余計なお菓子を食べる頻度が減り、栄養バランスが整う**ケースが多いのです。

朝食の習慣がない人は、お腹が空かないか、時間がないかのいずれかではないでしょうか。

朝食を準備する時間がないという方におすすめしたいのが、左ページ上に紹介する「ほぼ汁なしみそ汁」です。短時間で簡単に作れて、栄養価も高いメニューです。

一方、お腹が空かないという人は夜の過ごし方に問題があるかもしれません。**「夕食の量が多過ぎる」「夕食の時刻が遅い」「寝る時刻が遅い」「ストレスの蓄積」などが原因**となります。

断ち切るためにも、まずは、夜の過ごし方を改善してみましょう。

Answer

食欲安定のためにも朝食は必須。おすすめは「ほぼ汁なしみそ汁」

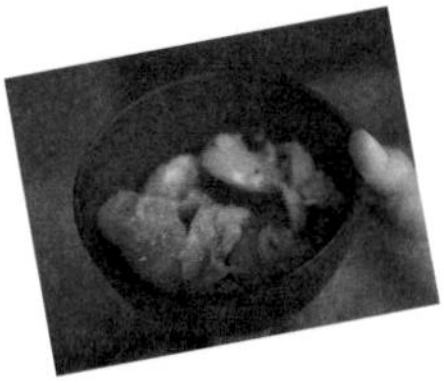

計太流
ほぼ汁なしみそ汁

材料

生姜は千切り、そのほかの野菜は食べやすい大きさに切る。全て適量
【A：かぼちゃ（orさつまいも）、玉ねぎ、切り干し大根、人参】【B：ズッキーニ、きのこ】 生姜、みそ、水、塩 ※好みで、だしパック、豚肉、豆腐など

作り方

①鍋に【A】を入れ、少量の水（野菜が半身浴するくらい）と、塩少量でくたくたになるまで煮る。
②千切りにした生姜、そのほかの野菜【B】を入れる。さらに好みでだしパック、豚肉、豆腐などを追加する。
③火が通ったらみそを入れて、完成！

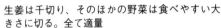

Question 13

食欲が収まらず食べ過ぎてしまいます。どうすれば、過食を抑えられますか？

食欲安定がダイエットのカギを握ります。食欲が乱れる原因と対策について解説します。

①摂取カロリー不足

そもそも**食べる量が少なければその分、食欲も強くなります**。しばらくは精神力で何とか抑えられますが、その後に食欲の大きな反動が来ます。抑制と反動の繰り返しで、摂食障害に陥ることもあります。最低限の食事量は守りましょう。

②空腹時間が長い

朝食を抜いた後の昼食で必要以上に食べ過ぎたり、昼食後に余計なお菓子を食べてしまうことはよくある話。個人差はありますが、目安として**5～6時間程度の間隔を目安にし**

て食事を摂ることをおすすめします。

③血糖値の乱高下

食事の糖質比率が高かったり、精製糖（砂糖やジュース）が多い場合は、血糖値が急上昇し、インスリンというホルモンが過剰に分泌します。その後、必要以上に血糖値が下がってしまい、**低血糖状態になると、一時的に食欲が強くなる**と考えられています。

④食物繊維不足

③の血糖値の乱高下を防ぐ役割があるのが食物繊維です。また、食物繊維が腸内細菌によって発酵される際、生成される短鎖脂肪酸に食欲安定の働きがあると言われています。*6 つまり、**食物繊維を腸に届け続けることで長期的にも食欲が安定する**のです。

⑤タンパク質不足

タンパク質を摂取すると、腸で消化管ホルモンが分泌されます（CCK、GLP-1、PYY)。これらのホルモンは食欲を抑制する作用があります。*7 **おにぎりだけ、パンだけ、**

野菜だけなどの食事では食欲安定に期待できない理由がここにあります。

⑥睡眠不足

長時間睡眠の人より短時間睡眠の人のほうが食欲増進ホルモンが多く、抑制ホルモンの量が少なくなります。[*8] 身体が必要とする睡眠時間には個人差があるので調整は必要ですが、7～8時間睡眠を目安にしましょう。**食欲を抑えたければ、とにかく寝てください。**

⑦早食い

食事を摂れば体内の情報（血糖値の上昇や消化管ホルモンの分泌など）が脳にフィードバックされて食欲は落ち着きます。ですが、この過程にも時間が必要です。だからこそ、早食いは不利です。さらに早食いの人は咀嚼が少ない傾向があります。**咀嚼には、脳内でヒスタミンというホルモンを分泌させて食欲を落ち着かせる効果**が期待されています。[*9] だからこそ、食事はゆっくり時間をかけて、よく噛んで食べることが大事です。

⑧グルメ情報を見過ぎる

「見ない」だけで無駄なお菓子を食べる頻度が減ります。視覚情報から食欲刺激を減らしましょう。具体的には、コンビニに行く頻度を減らす、お菓子コーナーに入らない、SNSのグルメ情報を遮断する、お菓子を家に持ち込まない、家にあるお菓子は箱に入れて忘れやすい場所に置くなどです。

⑨ルーティンになっている

いつも同じルーティンで「食べ過ぎ」が起こっている人は、それ自体が生活ルーティンになっている可能性があります。例えば、夕食を食べた後にお菓子を食べ始めてしまう人は、**夕食後に何か1つ行動を追加**してみてください。掃除や皿洗いなどの家事で十分だと思います。積極的に生活ルーティンを変えてみましょう！

Answer

食欲暴走の原因は多種多様。いろんな角度からアプローチを

Question 14

「お酒をやめずにやせる」ことは、可能でしょうか？

まず、大前提として、医師からの指示がある人はしっかりと従ってください。

確かに、アルコール摂取量と総死亡率の関係を見てもそれは明らかです。[*10] アルコール摂取量ゼロが最も健康的です。基本的に、お酒を飲めば飲むほど様々な疾病のリスクが高まります。ですが、適量であれば大きなリスクはありません。**本当にやめられないという人なら、禁酒すること自体をあきらめて、適量を知り、付き合い方を考える**ことも一つの作戦です。厚生労働省が推進する国民健康づくり運動「健康日本21」によると、節度ある適度な飲酒量は1日平均純アルコールで約20g程度。左ページ上の図が目安です。

「やせたいけど、お酒も飲みたい」という人は、週1〜2日程度にしてください。**アルコールの分解中は、肝臓での脂質代謝も止まる**ので、やせにくくなります。

Answer

お酒は適量を、頻度は少ないほどよし。やめられない人は量と時間に注意して

純アルコール20gに相当する酒量目安

酒類	目安	容量
ビール（5%）	ロング缶1本	500mℓ
日本酒	1合	180mℓ
ウイスキー	ダブル1杯	60mℓ
焼酎（25度）	グラス1/2杯	100mℓ
ワイン	グラス2杯弱	200mℓ
チューハイ	缶1本	350mℓ

適量を守って、頻度を減らしましょう。

また、時間も大事です。アルコールの代謝にも時間がかかります。さらに**寝ている間はアルコールの代謝が遅くなってしまう**ので、なるべく早い時間に飲酒を終えることがベターです。**目安は22時まで**としましょう。

また、アルコール摂取量を減らすには、まずはノンアルコール飲料に、次は炭酸水に置き換えてみるのも手。今より少しでもアルコール量が減れば、作戦は成功です。

Question 15

ダイエット中は何kcal分まで食べてOKですか？

どれだけのカロリーを摂取すべきかは、様々な要素によって変動します。わかりやすい部分で言えば、性別、体格、活動レベルなどです。そこからさらに、各個人の目標によっても変わりますし、もちろん個人差もあります。

一般的に、健常者であってもエネルギー量に150〜200kcal/日の個人差があると言われています。その分、必要なエネルギー量にも個人間でバラつきが生まれます。つまり、**食事量と減量の成果を他人と比較すべきではない**ということ。その上で、参考にしたい摂取カロリーの指標と、目標に合わせた調整の方法について解説します。

①摂取カロリーの適正化

あなたの身体に必要な摂取カロリーは【体重×基礎代謝基準値×身体活動レベル】で算

表1 年齢別基礎代謝基準値

	基礎代謝基準値（kcal/kg 体重/日）	
	男性	女性
15〜17歳	27.0	25.3
18〜29歳	23.7	22.1
30〜49歳	22.5	21.9
50〜64歳	21.8	20.7
65〜74歳	21.6	20.7
75歳以上	21.5	20.7

出典:厚生労働省「日本人の食事摂取基準（2020年版）」

表2 年齢階級別にみた身体活動レベルの群分け（男女共通）

身体活動レベル	レベルⅠ（低い）	レベルⅡ（ふつう）	レベルⅢ（高い）
日常生活の内容	生活の大部分が座位で、静的な活動が中心の場合	座位中心の仕事だが、職場内での移動や立位での作業・接客など、通勤・買い物での歩行、家事、軽いスポーツのいずれかを含む場合	移動や立位の多い仕事への従事者、あるいは、スポーツなど余暇における活発な運動習慣を持っている場合
15〜17歳	1.55	1.75	1.95
18〜64歳	1.50	1.75	2.00
65〜74歳	1.45	1.70	1.95
75歳以上	1.40	1.65	-

出典:厚生労働省「日本人の食事摂取基準（2020年版）」

例） 女性40歳・体重60kg 活動レベルがふつうの場合

60 × 21.9 × 1.75 = 2300 kcal

（体重） （基礎代謝基準値） （身体活動レベル） 必要カロリー

なお、この計算は体重が標準値から外れるほど誤差が大きくなると言われています出することができます。基礎代謝基準値と身体活動レベルは表1と2を参照してください。

ここで算出された数値は**「今のあなたの身体が必要とする摂取カロリー」**です。この数値より摂取カロリーが多い人は食事を減らしましょう。また、ダイエットを一から組み立てたい人、食欲の乱れが大きい人もこの目安に近づけてください。人によっては摂取カロリーを増やす必要があると思います。この時、いきなりではなく、**10％ずつ、2週間から1か月単位で少しずつ増やしてください。**経験上、目標カロリーに到達する前に〝これ以上要らない〟と感じる人が多いはずです。その場合は、無理して食べる必要はありません。

②摂取カロリーを減らす

32〜33ページで示したロードマップでも、摂取カロリーを減らすことは最終段階に設定しています。ですので、「運動習慣」「摂取カロリーの適正化」「睡眠の改善」「姿勢改善」「運動強度アップ」を優先して達成してください。また摂取カロリーの適正化を終えた後は、次ページで解説するＰＦＣバランスの調整に進んでください。そして、これらの最終段階として、**減量を進めたい人は摂取カロリーを10％ずつ減らします。**

無理に食事量を減らしてもリバウンドにつながります。肥満症の診療ガイドラインでは「体重×25ｋｃａｌ」という指標が用いられています。先ほど例に出した60kgの女性であれば、60×25＝１５００ｋｃａｌ。つまり、約２３００ｋｃａｌから最終的に１５００ｋｃａｌ程度まで減らすことが減量の大筋となります。ただ注意しておきたいことは、**体重の変動に合わせて摂取カロリーの目安も再計算する必要がある**ことです。

最後に、「もっとやせたい」と考える方への注意喚起です。目標次第では、上記の目安より摂取カロリーを減らす必要があるかもしれません（個人的にはおすすめしませんが……）。それでも**基礎代謝量（体重×基礎代謝基準値）を下回らないようにしてください。**代謝機能が下がってしまうと、身体の機能そのものに被害が生じる可能性が高いからです。

Answer

必要カロリーには個人差がある。減量時でも基礎代謝量は守ること

Question 16

食事量を減らしているのにやせられないのはなぜですか？

食事の量に問題がないとなれば、食事のバランスに問題があるかもしれません。そんな時に指標となるのが「ＰＦＣバランス」です。

Ｐ＝タンパク質（Protein）、Ｆ＝脂質（Fat）、Ｃ＝炭水化物（Carbohydrate）。これら三大栄養素のバランスを示したものが「ＰＦＣバランス」です。厚生労働省ではその目安を次のように定めています。**摂取カロリーに対して、Ｐは13〜20％、Ｆは20〜30％、Ｃは50〜65％**。このＰＦＣバランスがおよそ多くの人にとって〝バランスの良い食事〟となります。

とはいえ、この中でもある程度の幅があります。つまり、身体の反応や食事の傾向などに合わせて、個人で調整が必要なのです。特にこだわりがなければ**ＰＦＣ＝20：25：55**

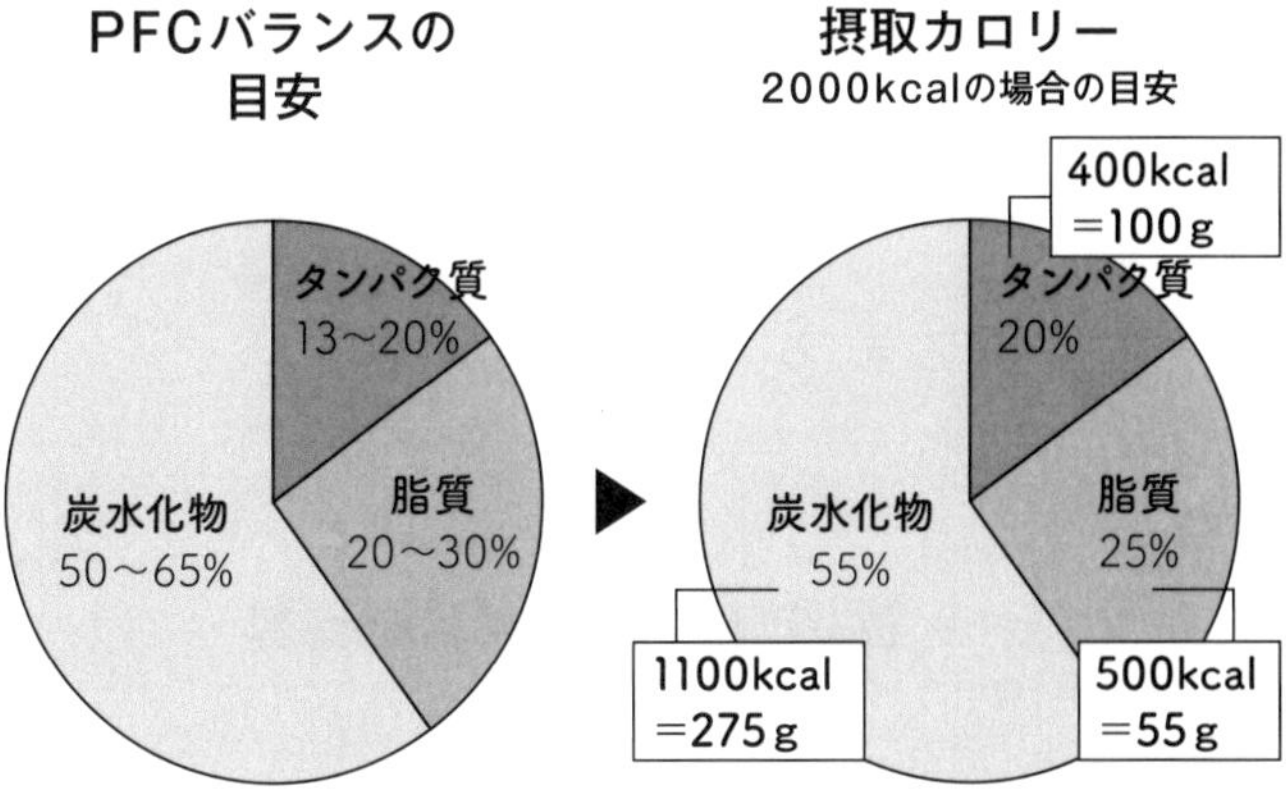

※ 1gあたりのカロリーは、タンパク質 4kcal、脂質 9kcal、炭水化物 4kcal

（%）を目標にしてみてください。

また、PFCバランスは、食事管理用のアプリなどでも簡易的に算出できるので、こちらを参考にしてみるのもおすすめです。

ちなみに、実際に食事の記録を取ってみるとわかりますが、**脂質摂取量は簡単に目安を超えやすい**です。きっと多くの人がこれを改善するのに苦労するでしょう。生活環境が変わり、低コストで便利に生活できるようになった分、多くの人が知らないうちに脂質をたくさん摂取してしまうような環境になっているということを念頭に置いておくことも必要です。

さらに、昔より魚の摂取量が減り、肉の摂取量が増えています。このことも脂質の摂取量が多くなっている原因の一つです。

1日の食事におけるPFCバランスの調整の目安例(各1人分)

朝食

〔洋朝食を和朝食に変更し、バナナを追加〕

Before 洋朝食

食パン	60g/158kcal
バター	12g/89kcal
牛乳	150g/101kcal
目玉焼き	65.2g/129kcal
ベーコン	54g/219kcal
合計	**696kcal**

After 和朝食

ご飯	160g/269kcal
目玉焼き	65.2g/129kcal
鮭	80g/110kcal
豆腐とわかめのみそ汁	204g/56kcal
バナナ	90g/77kcal
合計	**641kcal**

PFCバランス 15：64：21 → 22：23：55

昼食

〔カルボナーラを和風きのこパスタに代えて鶏ハムをプラス〕

Before カルボナーラ

カルボナーラ	360.1g/779kcal
合計	**779kcal**

After 和風きのこパスタ

和風きのこパスタ	328.5g/440kcal
鶏ハム	100g/192kcal
合計	**632kcal**

PFCバランス 15：47：38 → 23：27：50

夕食

〔唐揚げを焼き魚にして、ほうれんそうのごま和えを追加〕

Before 唐揚げ定食

ご飯	160g/269kcal
唐揚げ	174g/505kcal
キャベツの千切り	50g/12kcal
豆腐とわかめのみそ汁	204g/56kcal
合計	**842kcal**

After 塩さば定食

ご飯	160g/269kcal
塩さば	60g/175kcal
キャベツの千切り	50g/12kcal
豆腐とわかめのみそ汁	204g/56kcal
ほうれんそうのごま和え	82g/61kcal
合計	**573kcal**

PFCバランス 15：48：37 → 20：27：53

1日のトータル

総カロリー 2317kcal

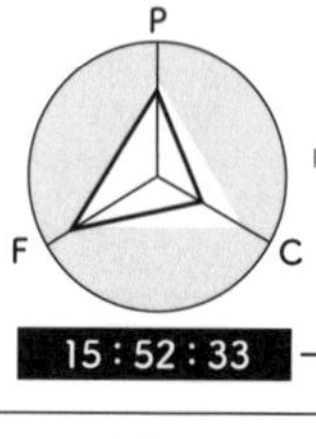

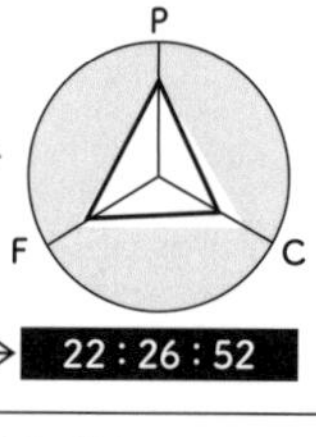

総カロリー 1846kcal

PFCバランス 15：52：33 → 22：26：52

※「カロリーslism」を参考に算出した一例。
カロリーなどは材料や調理法によって異なるため、あくまで目安です。

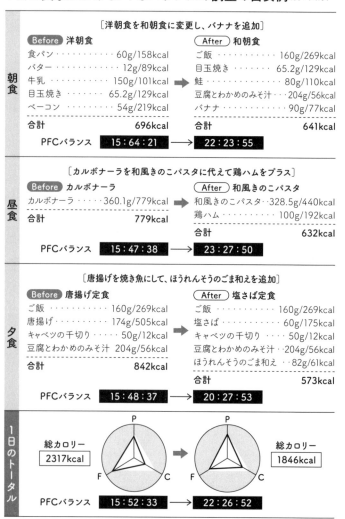

PFCの三大栄養素に対して、意識すべきことを簡潔にまとめておきます。

まずはP（タンパク質）について。**鶏肉や海鮮など低脂質なタンパク質源を意識的に選択**しましょう。「筋肉のためにタンパク質を！」と考え過ぎると、その分、脂質も高くなってしまう可能性が高いです。次にF（脂質）について。脂身の多い肉、揚げもの、炒めもの、ファストフード、お菓子、コンビニ弁当、至るところに脂質が多いものばかりです。特に食品を買う時は**こまめに脂質含有量をチェック**してみてください。

最後にC（炭水化物）について。**しっかり食べても意外と太りません**。ですが、そのためには脂質を減らすことはマストです。

これらを意識して、PFCバランスの良い食事を準備してみると〝量をしっかり食べられる〟ということに気づくはずです。食に満足しながらダイエットすることができます！

Answer

食事の量に問題がなければ PFCバランスをチェック！

Question 17

やせるために、積極的に食べたほうがいいものは何ですか？

食べたほうがいい食材を挙げ出したらキリがありません。避けるべきは超加工食品（96～97ページ参照）ですが、その対極にある未加工の食材はそれぞれのメリットがあるので、どれもおすすめです。スーパーに陳列された食材から、カロリーとPFCバランスが整うように食材を吟味してください。これを前提とした上で、意識してほしい要素があります。それが「食物繊維」です。**食物繊維摂取量が多い人ほど死亡リスクが低くなる**ことも報告されています。[*11] また77ページでも解説したとおり、食欲安定の働きもあるので積極的に摂らない理由はありません。

食物繊維の1日の摂取目安は約20g（女性18g以上、男性20g以上）です。この指標、それほど難しい課題ではありません。「具だくさんの汁もの＋野菜の小鉢１つ以上＋食物

Answer

ぜひ食べてほしいのが、水溶性と不溶性、2種類の「食物繊維」

食物繊維含有量（100gあたり／g）

食材名	含有量
切り干し大根（乾）	21.3
おから（生）	11.5
いちじく（乾）	10.7
オートミール	9.4
大豆（ゆで）	8.0
納豆（糸引き）	6.7

食材名	含有量
ごぼう（ゆで）	6.1
さつまいも（蒸し切干）	5.9
アボカド	5.6
オクラ（ゆで）	5.2
きくらげ（ゆで）	5.2
芽キャベツ（ゆで）	5.2

出典：文部科学省「日本食品標準成分表2020年版（八訂）」

繊維の多い炭水化物」、これらを意識していれば簡単に目標をクリアできます。

また、**食物繊維には不溶性食物繊維と水溶性食物繊維の2種類**があります。不溶性食物繊維は皆さんがイメージしやすい、シャキシャキとした繊維質の食材です。水溶性食物繊維は海藻などに多く含まれていて、保水性があるのでしっとりしています。この2つはいずれも大切ですので、上の表を参考にして、いろんな食材から食物繊維を摂るよう心がけてください。

Question 18

代謝アップのためにおすすめの食材を教えてください！

食生活においては、これまでに解説した「摂取カロリー」「PFCバランス」「食物繊維」の重要度が高いのですが、次に考えたいもの、それがビタミンとミネラルです。

なぜ大事かというと、身体で起こるあらゆる代謝で必ず必要になるからです。例えば、**運動をして脂肪を燃焼させるためには、ビタミンとミネラルが必要**です。となれば、代謝に関わるビタミンとミネラルが多く含まれている食材を、積極的に生活に取り入れたくなりますよね。左ページの表に意識していただきたいビタミン&ミネラルとそれぞれの役割、おすすめの食材を示しました。併せて、ほかの栄養素と比べて代謝と密接な関係性はないものの、多くの人にとって不足しがちなビタミンとして、ビタミンDも記載しています。

中でも鉄は、生理周期のある女性では不足しがち。**マグネシウムは皮膚から吸収すると**

Answer

ビタミンとミネラルを積極的に摂取して代謝をアップしよう

主なビタミン&ミネラルの役割とおすすめの食材

栄養素	役割	食材
ビタミンB群	糖質、脂質、タンパク質のいずれの代謝にも必要	豚肉、レバー、かつお、玄米、アーモンド
鉄	エネルギー代謝に関与する	レバー、あさり、しじみ、かつお、ほうれんそう、小松菜
亜鉛	様々な酵素の働きに関与する	牡蠣、うなぎ、レバー、カシューナッツ
マグネシウム	様々な酵素の働きに関与する。インスリンの働きにも関与する	海藻、大豆、そば、バナナ、玄米
ビタミンD	主に骨の健康を保つことに関与する	主に魚介類、きのこ類

いう形でも補えます。エプソムソルトという入浴剤を利用するのもおすすめです。また、ビタミンDは日光を浴びることによる体内合成量と食品からの摂取量を合わせた形で目安量が定められていますが、紫外線をケアする人が増えたことに加えて、主な摂取源である魚の摂取量が全体的に下がっているため、意識的に摂取するよう、心がけてください。

Question 19

食事制限をしているのになかなかやせないのはなぜですか？

食事を減らすことによって代謝が下がった状態だからです。**序章でお伝えしたホメオスタシスという機能が働いた結果です。**

食事制限をして今までより摂取カロリーを減らした場合、最初のうちは少しずつやせていくのですが、身体としては筋肉も体脂肪も長く生きるために必要なので、これ以上身体の分解反応が起こり過ぎないよう、代謝を下げようとするのです。この状態では、いくら摂取カロリーを減らそうが、やせにくくなります。さらに**無理して摂取カロリーを減らせば体重は落ちるでしょう。ですが、この方法はリスクだらけ**です。代謝の根底を担う甲状腺の疾患や、食とダイエットにまつわる精神疾患になる人も多くいます。だからこそ、最低限の摂取カロリーを守っていただきたいのです。

下がってしまった代謝を戻すには摂取カロリーを増やす必要があります。よく「それだと太りませんか?」と聞かれますが、そのとおりです。**一度太ってください。ただし、ずっと太り続けるわけではないですし、その過程は健康的な歩みです。これは〝身体の立て直し〟**だと思ってください。

適正な摂取カロリーを目指してＰＦＣバランスに注意して、＋10％を目安に〝少しずつ〟摂取カロリーを増やしましょう。適正摂取カロリーに到達する前に「そんなに食べられない」と感じた場合はそこでストップしてください。食事は減らすも増やすも無理は禁物。お腹の具合で判断して十分だと感じられる食事量でかまいません。

Answer

やせ止まりは代謝不良が一因。摂取カロリーを増やして、身体を立て直す

Question 20

やせるために避けたほうがいい食べものはありますか？

食事において「何を優先して避けるべきか？」は個人によって異なります。例えばPFCバランスを見れば一目瞭然で、**脂質がオーバーしている人なら、今の食生活から脂質のバランスを大きく正に傾ける食材を避ける**のが最も効果的です。**炭水化物がオーバーしているなら同じ要領で糖質源となっている食材**に目を向けましょう。ここが基礎です。その前提で、多くの方に〝なるべく〟避けてほしいと思っているものをお伝えします。

それが**超加工食品**です。加工の複雑さを目安にグループ1～4までに区分したNOVA分類によると、最も加工度の高い食品が「超加工食品」。その摂取頻度および量が増えるほど、糖質および脂質、そして塩分の摂取量が自ずと増えます。そうなると、適正カロリーを超え、なおかつPFCバランスの調整が困難になります。さらに、ビタミンやミネラルも欠

Answer

身体に不利益となる「超加工食品」は〝なるべく避ける〟を意識して

NOVA分類による加工食品の定義と例

分類	定義と例
[グループ1] 未加工または最低限加工した食品	そのまま、または最小限の調理で食べられるもの。野菜、果物、肉、魚、海藻、牛乳、豆、米など。
[グループ2] 加工した料理素材	グループ1の食品を使い、家や店のキッチンで調理をする際に使う食材。油、バター、塩、砂糖など。
[グループ3] 加工食品	グループ1にグループ2を加えて作る比較的単純な食品。缶・瓶詰め野菜、味付けナッツ、チーズなど。
[グループ4] 超加工食品	5種類以上の素材で工業的に加工された食品。インスタント食品、清涼飲料水、菓子パン、成型肉など。

出典：ブラジル・サンパウロ大学公衆衛生学部の研究者らが考案した「NOVA 分類」をもとに作成

けるので、カロリーは高いけれど栄養はない、といった状況に。身体にとって不利益が多い状態です。

　ですが、我々はこれら加工食品に助けられていることも事実。調理の時間を減らせますし、食材の保存が利くことも大きなメリットです。コストを抑えられるケースもあります。ですので、**なるべく減らすことを念頭に置き、完全に排除することは考えなくてもよい**というのが僕の意見です。

Question 21

「糖質」制限と「脂質」制限、やせやすいのはどちらですか？

ダイエットと言えば、糖質制限か脂質制限と二大ルールのように考えていらっしゃる方も多いのではないでしょうか。また、糖質制限のほうがやせやすいというイメージを持っていらっしゃる方も多いかと思いますが、長期で見た時にほぼ差はありません。*12

要するにやせるかどうかは、**摂取カロリーと消費カロリーのバランスが最も大きな影響因子**であるということ。ですので、やせたい場合は、ＰＦＣバランスを保ったまま**少しずつ全体的に減らすという手段**が無難だと考えます。

ですが！　およそ多くの人にとっては**「脂質制限」の思考を持つことが良いダイエット**につながります。なぜなら、日本人の過去の栄養摂取と肥満人口の推移を遡ってみると、男性の肥満人口が増加した背景に、炭水化物摂取量が下がって、脂質摂取量が上がっていることがあるからです。この２つの要因だけが肥満の原因というわけではありませんが、少なからず影響は大きいと思われます。背景には**食の欧米化や加工食品の発展**などがあります。これらには、食品コストを下げるという面もあるので一概に全てを否定することはできません。人類にとっては必要な発展だと思います。ですが、栄養のバランスは個人でしっかり考えなければいけません。

このような状況を考慮すると、**〝脂質を抑える〟ことを考えて生活するだけでもPFCバランスが整う人は多い**と推測できます。ですので、僕はどちらかというと脂質制限を推奨しています。

Answer

PFCバランスを維持しカロリー減、糖質制限より脂質制限を推奨

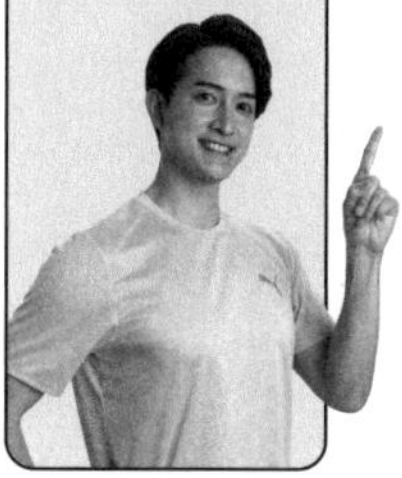

Question 22

太りにくい糖質にはどんなものがありますか？

ダイエットのブームの流れに乗って〝糖質制限〟にチャレンジした人も多いはずです。そこで避けられるお米やパンなどは確かに糖質が多く含まれますが、これらは正確には〝炭水化物〟です。その中には、90〜91ページで解説した、食べてほしいもの〝食物繊維〟が含まれます。

糖質制限ダイエットを始めて便通が悪くなった人も多いと思いますが、それは食物繊維の摂取量が減ったことが原因かもしれません。ちなみに〝糖質〟を避けることを推奨している識者はごく一部です。日本でも、そして世界規模でも糖質（≒炭水化物）はしっかり食べることが推奨されています。一方で、世界保健機構（WHO）は「〝糖類〟

炭水化物、糖類、糖質の関係

主な炭水化物の食物繊維量

食材名	100gあたりのカロリー	100gあたりの食物繊維量
オートミール	350kcal	9.4g
さつまいも（蒸し切干）	277kcal	5.9g
ライ麦パン	252kcal	5.6g
押麦（めし）	118kcal	4.2g
そば（ゆで）	130kcal	2.9g

出典：文部科学省「日本食品標準成分表2020年版（八訂）」

摂取量を全体の5％以下にすること」を推奨しています。

ここで言う**糖類とは砂糖など、ジュースやお菓子をイメージしてください。つまり我々がやるべきは〝糖質〟制限ではなく、〝糖類〟制限**なのではないでしょうか？

さて「太りにくい糖質は？」という質問については、**「食物繊維が豊富な炭水化物」**が適切な回答になります。食物繊維が多く含まれているほど、咀嚼が増え、満腹感も高くなって、食欲も安定しやすいほか、比較的低カロリーに抑えやすいなど、健康上のメリットも大きいのです。

Answer

「糖質」制限ではなく「糖類」制限を。おすすめは食物繊維が豊富な炭水化物

Question 23

夕食は何時までに食べ終えればいいですか？

食事制限による減量の効果を、朝食しっかり派と夕食しっかり派で分けて比べたところ、朝食派のほうが食欲が落ち着いて減量幅も大きくなったというデータがあります。*13 ここで重要なポイントは「夕食を減らしたほうがやせやすい」ではなく**「朝食をしっかり食べたほうがやせやすい」**こと。朝食をしっかり食べることで食欲が落ち着くからです。

夕食の時間が調整可能な人は、**血糖値の上昇から下降して安定、食物が胃から排出される時間などを考慮して、就寝3時間前までに食べる**のがおすすめです。さらに減量を考えたい人であれば、就寝**4時間前程度に設定して〝少しだけ空腹状態〟で寝る**と脂肪の分解がはかどります。空腹状態では、脂肪分解作用のある成長ホルモンの分泌が高くなりやすいからです。ただし、睡眠トラブルを抱えている人にはおすすめしません。

Answer

夕食は就寝3時間前までに完了。遅くなるなら補食を活用

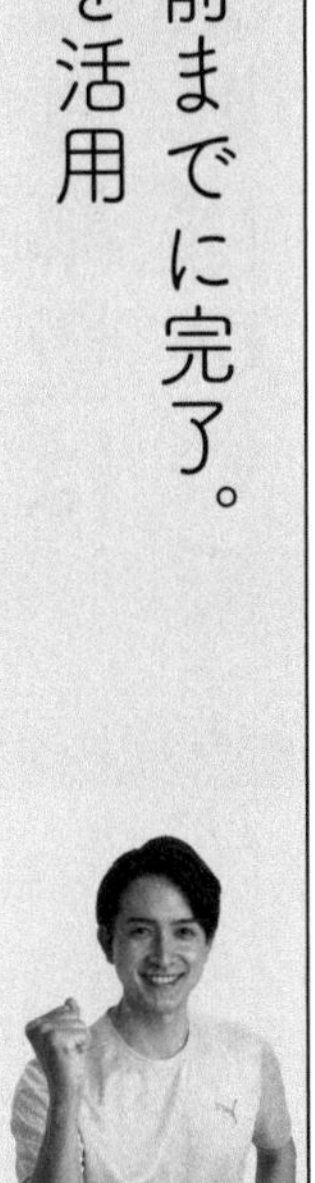

おすすめの補食リスト

- □りんご（1個食べても200kcal以下）
- □おにぎり（1個食べても200kcal以下）
- □ナッツ（片方の手のひら分ぐらい）
- □栗（5粒くらい）
- □ゆで卵
- □するめ
- □プロテイン
- □炭酸水＋はちみつ少量

とはいえ、**就寝3時間前までに食事を終えることが難しい場合は、胃への負担が大きい脂質の多い食材を避けましょう。**僕の経験則にはなりますが、夕食が遅い人の多くは、夕食時には食欲がかなり高まっている状態、または、夕食を食べ始めたら一気に食欲が高まるケースが多いです。その背景にあるのは食事の時間間隔が長くなっているがゆえのエネルギー不足状態。**対処法は補食です。昼食と夕食の間に間食を摂ってみてください。**それだけで夕食時の暴食がかなり減るはずです。

Question 24

食べ過ぎた翌日の食事量はどのくらいに抑えればいいですか？

実は、食欲というものは本来、自然とコントロールされるものです。食べ過ぎたら食欲は収まるし、食べなくなったら食欲が高まります。ですので**「翌朝にお腹が空いていれば食べて、空いていなければ食べなくてよし。食べる場合でもきっといつもと同じ量を求めないはず」**。このようなアドバイスが適切だと思っています。

ただ「それができていれば悩んでいないわよ！」という話ですよね。確かに、食欲の自然なコントロールが乱れてしまった場合、判断が難しくなってしまいます。そこでひとつのルールを提案します。**いつもの半分の量で食事**を摂ってください。または考えるのが難しい人は75ページで紹介した**栄養価の高い「ほぼ汁なしみそ汁」だけ**食べてください。実際には、前日食べ過ぎて本当に食欲がない状態であれば、朝食は抜いていいと僕は思うのですが、その判断を誤ると、食欲が乱れる負のスパイラルに陥るケースがあります。朝食を抑えるということは、いつも身体に入ってくるエネルギーがない状態。そのまま午前中の活動をすれば普段よりエネルギー不足の状態になります。さらに**朝食を食べず昼食を食べたほうが血糖値は上昇しやすくなります。結果、血糖値の乱高下が起きやすくなり、食欲の乱れにつながります。**これは、お菓子を食べたくなる人に多い傾向で、特にダイエットで悩みを多く抱える人ほど、お菓子に対して罪悪感を強く感じています。お菓子を食べてしまう→罪悪感→食事を減らす→食欲が高まる→食べる→血糖値の乱高下→食欲が乱れる→お菓子を食べてしまう→罪悪感→……という負のスパイラルに陥ってしまうのです。

「食べ過ぎたから抑えなきゃ！」という考え方は否定しませんが、食欲の乱れに悩んでいる人には**「細かく考えずいつものリズムで食事を摂ってね」**とお伝えしたいのです。

Answer

食欲は自然とコントロールされるもの。食べ過ぎた翌日もいつものリズムで

Question 25

外食やコンビニ食がメインの生活。自炊しないとやせられませんか？

摂取カロリーより消費カロリーが上回ればやせられるので、自炊であろうとなかろうと、やせることは可能です。ですが、自炊をしないことが、不利な戦いであることは間違いないと思います。例えばコンビニ食を想定した場合、ＰＦＣバランスを保つことはなかなか難しいでしょう。最近では健康を意識したコンビニ弁当も増えていますが、傾向としては**タンパク質への意識が高すぎて脂質が高い、食物繊維の量が少ない、食材数も限られるがゆえに、ビタミンとミネラルも少ない**と予想されます。

一方で、**自炊は確かに時間と手間がかかるとはいえ、カロリーやＰＦＣバランスの管理も正確にできますし、量の調整も自由にできる**というメリットがあります。要するに**過不足なく自分に必要な栄養を準備することができる**のです。

とはいえ、自炊をしないといっても、最近ではいろんな選択肢があります。**完全栄養食と呼ばれる、栄養が豊富な食品もあれば、栄養バランスを重視した冷凍食品もあるので、これらを活用すれば、身体に必要な栄養を取り入れつつやせることも可能**だと思われます。

また、外食を選ぶ際は、魚がメインの定食がおすすめです。または、カロリー表示がしっかりしているという意味では、ファミリーレストランも良い選択です。低脂質タンパク質源のチキンをメインに野菜を追加オーダーすると良いでしょう。

総合的に判断して、**自炊が不可能でなければ、部分的でもいいので、ご自身で準備することをおすすめ**します。例えば、夕食だけ、炭水化物は自分で準備する、などでかいません。作り置きなどを活用すればそれほど難しくはないはずです。

Answer

外食は栄養バランスに不利な面あり。部分的でもいいので自炊にチャレンジ

Question 26

運動前後の食事について気をつけるべきことはありますか？

一般的なダイエッターで、なおかつ運動強度もさほど高くないという方々にとっては、あまり細かく考える必要はないと考えています。とはいえ、少しばかりアドバイスします。

まずは運動前ですが、仮に**強度の高い運動をする場合は必ず栄養を摂取**してください。エネルギー源となる糖が少ないと筋肉の分解が進みやすいので、運動効果が下がりますし、長期的に見て損をする可能性があります。食事を摂ることが難しい場合は、ＢＣＡＡやＥＡＡといったアミノ酸のサプリを活用しましょう。血中にこれらの**アミノ酸を循環させるだけでも筋肉の分解を抑える**ことができます。

また、**運動（特に筋力トレーニング）後は、糖質の補給に最適**なタイミングです。実は運動後は、血中の糖が筋肉に運ばれやすくなるので、〝太りにくい食事のタイミング〟でもあるのです。もし、**甘いものがお好きでしたら運動の後**がおすすめです。また、同じく強度の高い運動をした後には、筋肉に蓄えていたエネルギーを補給するためにも必ず糖質を摂取してほしいです。**ここを怠ると疲労感が抜けにくくなります。**

そして、この運動後の糖質補給について、1つだけ注意点があります。それが「脂質」です。運動後は糖が筋肉に運ばれやすいタイミングですが、この時に、脂質まで一緒に多く摂取すると、糖の運搬がじゃまされてしまいます。この場合においては、**特に脂質が低いほど良い**です。

Answer

運動前はアミノ酸、運動後は糖質の補給を。運動後は低脂質を心がけて

Question 27

生理前後で食欲がバクハツします。何か対策はありますか？

これは多くの女性が抱えるお悩みですよね。生理周期で食欲が乱れるメカニズムと、その食欲乱れを少しでも抑えるための工夫について解説します。

生理後の排卵期では女性ホルモン・エストロゲンの分泌量が減ります。このエストロゲンは食欲抑制ホルモンであるレプチンと密接な関係があります。**エストロゲンが減ってしまうことで、レプチンも減ってしまうので結果的に食欲が乱れやすくなります。**[*14]もちろん、生理周期は身体に必要な機能ですし、その影響で食欲が乱れてしまうことは仕方のないことです。ですので「食べてしまう私は意志が弱い……」と自分を責めないでください。

対策としてはまず、76〜79ページで解説した食欲抑制アプローチが大前提になります。その上で、**普段の食事量をおよそそのままに、食事の回数を増やすことを試してください。**

ただしこの時、糖質比率の高い食事になってしまうと不利です。生理周期に応じてインスリンの効き目が変わるので、[15] 食後の血糖値の安定化が普段よりも難しくなり、血糖値の乱高下が起こりやすくなります。もしそうなれば、また一時的に食欲が強く出てしまいます。ですので、血糖値が上がりにくい食材を選びましょう。ちなみに**果実は血糖値が上がりにくく、甘みも感じられるので、補食としておすすめ**です。

また、月経によって鉄分が失われることを見据えて、普段から鉄分を意識した食材選びを心がけてください。それだけでも疲労感やイライラが収まることがあります。**ビタミンEが生理痛の緩和**に良い働きをすると言われています。食材としては卵、アーモンドなどがあります。

Answer

生理前後の食欲の乱れは心配無用。食べたい時は果実がおすすめ

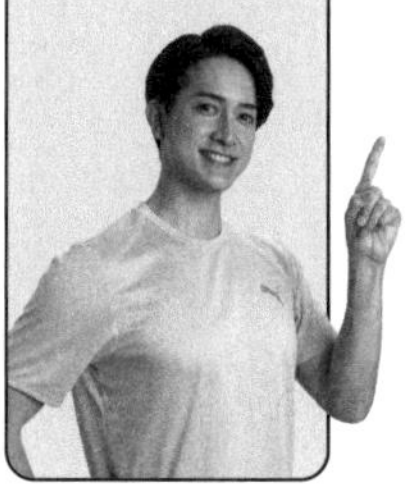

Column
02

知っていますか? 摂食障害のこと

僕は、ダイエット指導に力を入れ始めてから気づいたことですが、実は摂食障害に苦しんでいる人はかなり多いです。過食症と拒食症、2つのパターンがありますが、それらは表裏一体で、両方経験する人が少なくありません。過食症の人は、自分の意志ではコントロールできない強い食欲にかられて苦しくなるほどに食べものを胃に入れてしまい、その後に無理やり嘔吐するなどして、食事をなかったことにしようとします。一方、拒食症の人は、食べものを口に入れることで太ってしまうという恐怖心が強くなり過ぎて、食事を摂ることができなくなります。特に拒食症は重篤な症状に陥りやすく、命の危険性がとても高いです。

いきなりですが、摂食障害を克服するための第一歩は何だと思いますか? 答えは「本人が身の回りの誰かに打ち明けること」です。こうして、自分自身が今どういった状況なのかを客観視すること、なぜ今の心の状態に陥ったのかを理解することができます。ちなみに、「打ち明ける」行為は本人にとってとてもハードルが高いこと。なぜなら、恥ずかしい、どう思われるか不安、負担になるかもしれないなどと考えてしまうからです。そこで、摂食障害ではない皆さんが取り組めるサポートがあります。それは「もっと多くの人が摂食障害を知ること」です。そうすれば、苦しんでいる人がもっと気軽に相談できるようになるはずです（もちろん、専門のクリニックを頼ることを最優先で検討してください）。

そして、もう一つ、皆さんにお願いがあります。ダイエットのリテラシーを高めましょう。具体的には本書の後半でも解説するような身体の個性を理解して、他人の体型のことを口に出すのをやめましょう。それは親子の関係であっても注意が必要です。摂食障害の方にお話を聞くと、発端は学生時代にあるケースが多いです。友達に不意に言われた一言や家族からの軽い一言がきっかけになって〝やせ〟への固執が強まります。そこから無理なダイエット（というより、過度な減量）が始まり、そのうちに少しでも体重が増えることが許せなくなり、恐怖を感じるようになります。そのまま拒食症に向かうか、その手前で過度に抑えた食欲が爆発して過食症に向かうか。きっかけは些細なことだったりします。誰しもそのリスクを持っていることを理解していただきたいのです。

第2章 食事・栄養編 まとめ

- □ 食欲安定のためにも朝食は必須。おすすめは「ほぼ汁なしみそ汁」
- □ 食欲暴走の原因は多種多様。
いろんな角度からアプローチを
- □ お酒は適量を、頻度は少ないほどよし。
やめられない人は量と時間に注意して
- □ 必要カロリーには個人差がある。
減量時でも基礎代謝量は守ること
- □ 食事の量に問題がなければPFCバランスをチェック！
- □ ぜひ食べてほしいのが、水溶性と不溶性、2種類の「食物繊維」
- □ ビタミンとミネラルを積極的に摂取して、代謝をアップしよう
- □ やせ止まりは代謝不良が一因。
摂取カロリーを増やして、身体を立て直す
- □ 身体に不利益となる「超加工食品」は〝なるべく避ける〟を意識して
- □ PFCバランスを維持しカロリー減、糖質制限より脂質制限を推奨
- □ 「糖質」制限ではなく、「糖類」制限を。
おすすめは食物繊維が豊富な炭水化物
- □ 夕食は就寝3時間までに完了。遅くなるなら補食を活用
- □ 食欲は自然とコントロールされるもの。
食べ過ぎた翌日も同じリズムで
- □ 外食は栄養バランスに不利な面あり。
部分的でもいいので自炊にチャレンジ
- □ 運動前はアミノ酸、運動後は糖質の補給を。低脂質を心がけて
- □ 生理前後での食欲の乱れは心配無用。食べたい時は果実がおすすめ

第3章

生活習慣編

日々の生活の中にある
「太る原因」行動を改善

Question 28

やせるためには運動と睡眠、どちらを優先すればいいですか？

運動が大切なのはわかるけれど、その分、睡眠時間が減ってしまいます。そんな声もよく聞かれます。個々の状況によって多少変わることがあるものの、もし仮に30分運動をして、その分30分睡眠時間が減ってしまって寝不足になるのなら、確実に睡眠を優先してほしいと思います。基本的に、**運動より睡眠のほうが優先度は高い**のです。

何より知っていただきたいのは、睡眠不足によるデメリットです。ある実験では、普段の睡眠時間が6時間程度の方に約8時間の睡眠を心がけてもらうだけで体重が減少しました。[*16] 睡眠時間と食事の量にも科学的なメカニズムが確立されていて、**短時間睡眠になると食欲抑制ホルモンが減り、食欲増進ホルモンが増えます。**[*8] つまり〝余計なもの〟を食べてしまう可能性が高くなるということです。

Answer

短時間睡眠は食欲増進のリスクも。運動よりもまず、睡眠を優先して

睡眠充足度チェック

○が多いほど
睡眠改善が必要です！

ベッドに入ってからなかなか寝つけない	
起床時に身体が重く感じたり、眠気が強いと感じる	
就寝時間がバラバラ	
起床時間がバラバラ	
夜中に目が覚めることが多い	
日中も身体にだるさを感じる	
寝ても疲労感が抜けない	
もっと寝たいと思う	

○当てはまる　△どちらでもない　×当てはまらない

ましてや睡眠不足のまま、運動でカロリー消費を重ねつつ食事も減らしているようなら、ダイエット生活は継続できないでしょう。ですからまずは睡眠時間を確保すべきです。

睡眠時間の目安は7〜8時間です。が、誰もが7時間必要というわけではなさそうです。6時間でも平気なのか、9時間必要なのか、主観的な判断で良いと思います。上のチェック項目を参考にしてください。

Question 29

「やせる睡眠法」があるというのは本当ですか？

「やせる睡眠法」と言ってしまうと誇張し過ぎですが、7〜8時間程度の睡眠時間と質の高い睡眠は、やせたい人にはクリアしていただきたい課題です。そこで、快眠に導く生活ルーティンについてまとめてみました。

まずは、朝の生活から。

意外と思われるかもしれませんが、**良い睡眠は朝に作られる**といっても過言ではありません。それほど、朝の生活は大事です。ここで大切なのは日光です。**日光を浴びることによって、体内で〝幸せホルモン〟と呼ばれるセロトニンが生成**されます。そのセロトニンは夜になるとメラトニンに変換されます。このメラトニンこそが睡眠誘導ホルモン。またセロトニンを合成するための原料として、トリプトファンが必要です。これはアミノ酸の一種なので、タンパク質の摂取量が少なくならないように日頃から注意しましょう。

次に、夜の生活。

まずは食事ですが、**夕食でも炭水化物は摂取したほうが良い**です。夜の糖質は太りやすいという勘違いをしてお米を食べないでいると、夜間に低血糖に陥ってしまう方がいます。人間の身体は寝ている間も働いていて、特に脳は活発です。脳のエネルギー源である糖が体内で不足すると身体で分解反応が起こります。それにより交感神経が優位になり、夜中に目が覚めるというメカニズムです。

また、夕方以降は、コーヒーや緑茶などの**カフェインが多く含まれる飲みものは避けましょう。**覚醒作用があるので睡眠の導入を妨げます。持続時間は人によりますが、最大8時間とも言われています。少なくとも18時以降は避けたほうが無難です。

ほかにも生活面でルールがあります。**夜なるべく早い段階から部屋全体の灯りを暗くすること。**部屋が日中さながらに明るいままだと、睡眠誘導ホルモンのメラトニンが分泌されにくくなります。**部屋の照明は暖色系がベターです。また、お風呂でも専用の間接照明を準備すること**をおすすめします。

さらに、入浴からベッドに入って就寝までの流れも重要です。入浴をすることで身体の深部まで体温が高くなります。お風呂から上がった後、徐々に放熱されていくその過程で寝入りやすくなります。ですから、**およそ40～42℃のお湯に20分入浴し、入浴後60～90分ぐらいが寝入りの良いタイミング**です。これを逆算して入浴できるとベスト。特に女性は入浴時間の長い人も多いと思いますが、入浴時間が長くなるほど深部体温が下がるまでの時間も長くなります。となれば、長時間入浴した後に快適な入眠までの時間も長くなってしまい、睡眠時間自体が短くなってしまいます。そのため、**入浴時間が長めの人は、お湯の温度を38～40℃程度に調節**することをおすすめします。

入浴後は、簡単でいいのでストレッチを。**痛くない程度のリラックスできるストレッチを行なうと、副交感神経を高める**効果が期待できます。

Answer

快眠ルーティンを実践することが〝やせる近道〟になる

快眠ルーティンのチェックリスト

- □日光を浴びる
- □日常的にタンパク質を摂る
- □夕食でも炭水化物を摂る
- □18時以降はカフェインを摂取しない
- □就寝3時間以上前から部屋を暗くする
- □40〜42℃で20分の入浴
- □入浴後は軽いストレッチを
- □入浴後60〜90分でベッドに入る
- □入浴後はスマホを見ない

さらに、これが最も難しいタスクかもしれませんが、**「スマホを見ない」**こと。これも同じく、睡眠誘導ホルモン・メラトニン生成のために必要なルールです。

もし、睡眠に問題を抱えているようでしたら、これらのルールを意識して、実践してみてください。しばらく継続することで、「良い睡眠」を体感できるようになるはずです。

Question 30

「華奢なモデル体型」に憧れます。どうすれば手に入れられますか？

この相談に対しては悲しい現実をお伝えせねばなりません。ただし、知っておいてほしいことがたくさんあるので、じっくり読んでください。この場では前提として〝華奢なモデル体型〟をＢＭＩ18・5未満の体重として定義します。

まず、**体重や体型は「生活＋体質＋遺伝子」の3つの要素で決まる**ということを頭に入れておいてください。生活は誰でも変えられ、努力を注げるポイントです。体質もある程度の対応が可能です。例えば便秘になりやすい体質の人でも手を尽くせば改善できます。ただし、最後の要素である遺伝子は手のつけようがありません。

実際に、**体重や体型の5割程度は遺伝子で決まる**とも言われています。[*17] だからこそ僕は、

BMIの算出方法

$$\text{BMI} = \frac{\text{体重(kg)}}{\text{身長(m)} \times \text{身長(m)}}$$

■肥満度の判定基準

低体重(やせ)	18.5未満
普通体重	18.5以上25未満
肥満(1度)	25以上30未満
肥満(2度)	30以上35未満
肥満(3度)	35以上40未満
肥満(4度)	40以上

※日本肥満学会の基準による

BMIとは

Body Mass Indexの略で、肥満の判定に用いられるもの。最も疾病の少ないBMI22を標準としている。

誰もがやせ体型になれると考えていないのです。個人差はあれど、**BMI18・5未満の体重で健康的で安定した生活を送れる人は、およそ太りにくい遺伝子**と考えて良さそうです。ただそれ以外の人は、絶対に無理とは言いませんが、相当な努力とストレスがのしかかります。食事制限も運動も厳しいルールになるでしょう。そんな生活を過ごせるような環境が整っている人のほうがめずらしいです。ダイエット指導者として、諸々のリスクを考えると、手放しで「やせ体型を目指してがんばって!」とは言えないのです。

これに近い話をYouTubeでしたところ、「自分の努力が否定されているみたいで悲しい」と言われました。これは盲点でした。がんばって

ＢＭＩ18・５を達成し、維持している人もいらっしゃいますよね。その努力はすごいと思います。誰に否定されることでもありません。そして、それぞれのゴールがありますし、体調も良く、体重も維持できていれば問題ないと思います。ただ僕が前述したのは、「やせ体型になりたい！　がんばってもなかなかなれない！」という方へのメッセージです。無理のある努力を、なるべくしてほしくないのです。

僕のこの意見は、時に「やせることをあきらめろ」と変換されることがあるのですが、僕が伝えたいことは「やせの過程のどこかで〝努力と幸福度のバランス〟を見定めてほしい」ということ。やせやすい人と同じ努力をしても同じ結果にはなりません。つまり、それ以上の努力が必要だということです。あなたが掲げる**目標にその価値はあるのか、体調や体力、生活の全てを犠牲にし過ぎてはいないか**をもう一度考えてみてください。ＳＮＳやメディアの影響で理想と期待値ばかり高くなってしまう時代だからこそ、知っておいてほしいダイエットのマインドだと考えています。それでも、がんばってモデル体型を目指したいという人にアドバイスをまとめました。まずは摂取カロリーの設定はかなり低めになります。もちろん、リバウンドのリスクも考えて少しずつ減らすようにしましょう。その分、体内に入る栄養素も減るので、92〜93ページで示した代謝に関わるビタミンとミネラルについてはサプリメントを活用することをおすすめします。そして、華奢を目指すなら、筋肉を大きくするような運動は不適切です。例えば、ジムで重い重量を扱って取り組むメニューより、**インナーマッスルを狙ったメニューや有酸素運動を中心**に考えましょう。ジムでのトレーニングはせいぜい週1回程度でいいと思います。なおかつ、活動量は落とさないようにしなければいけません。

身体に入れるエネルギーは減る。いつもの量を食べられない。運動も怠れない。覚悟を持って取り組まねばなりません。ただ、異変を感じたらすぐ食事を戻すようにしてください。がんばってやせた後に太ってしまうのが怖いと感じるようになったら要注意です。

Answer

体型を決める要因の5割は遺伝子。モデル体型を目指すなら覚悟を決めて

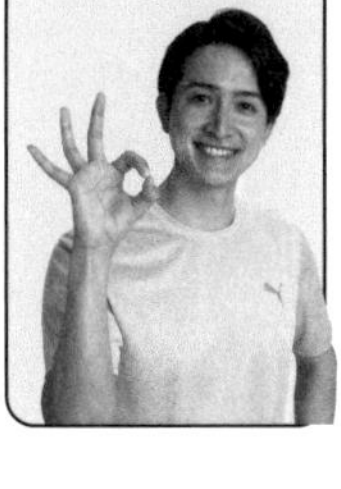

Question 31

在宅ワーク中心の生活でも「やせる」コツを教えてください！

コロナを機に、在宅ワークが増えたことで、出勤やオフィスでの仕事自体が意外と活動量の基盤になっていたことに気づいた人も多いのではないでしょうか。仮に、家でのデスクワークが中心になり、歩行数が5000歩減ってしまったとすると、消費カロリーが150kcal分なくなってしまいます。**たいしたことない数字のようですが、1か月に換算すると脂肪約500gに相当します。1年経てば、脂肪約6kg**です。

さらに、家にいて、周りの目を気にすることがないから……と**お菓子を1日1個でも食べ続ければ、脂肪の付き方は倍速化**します。実際、諸外国では肥満人口が増加傾向にあることが報告されています。おそらくですが、日本においても同様の結果が予想されます。ですから、在宅デスクワークの影響で消費カロリーが減ってしまうこと、そして摂取カロ

座ったままの姿勢でできるリフレッシュストレッチ

縮まり姿勢を解放し、呼吸がラクに！

前腕〜首まで広範囲に効くストレッチ

①座ったまま腕を45度に広げる ②手のひらが上を向くように腕を外にねじる ③手首を反らし天井を向く。30秒〜1分キープ。

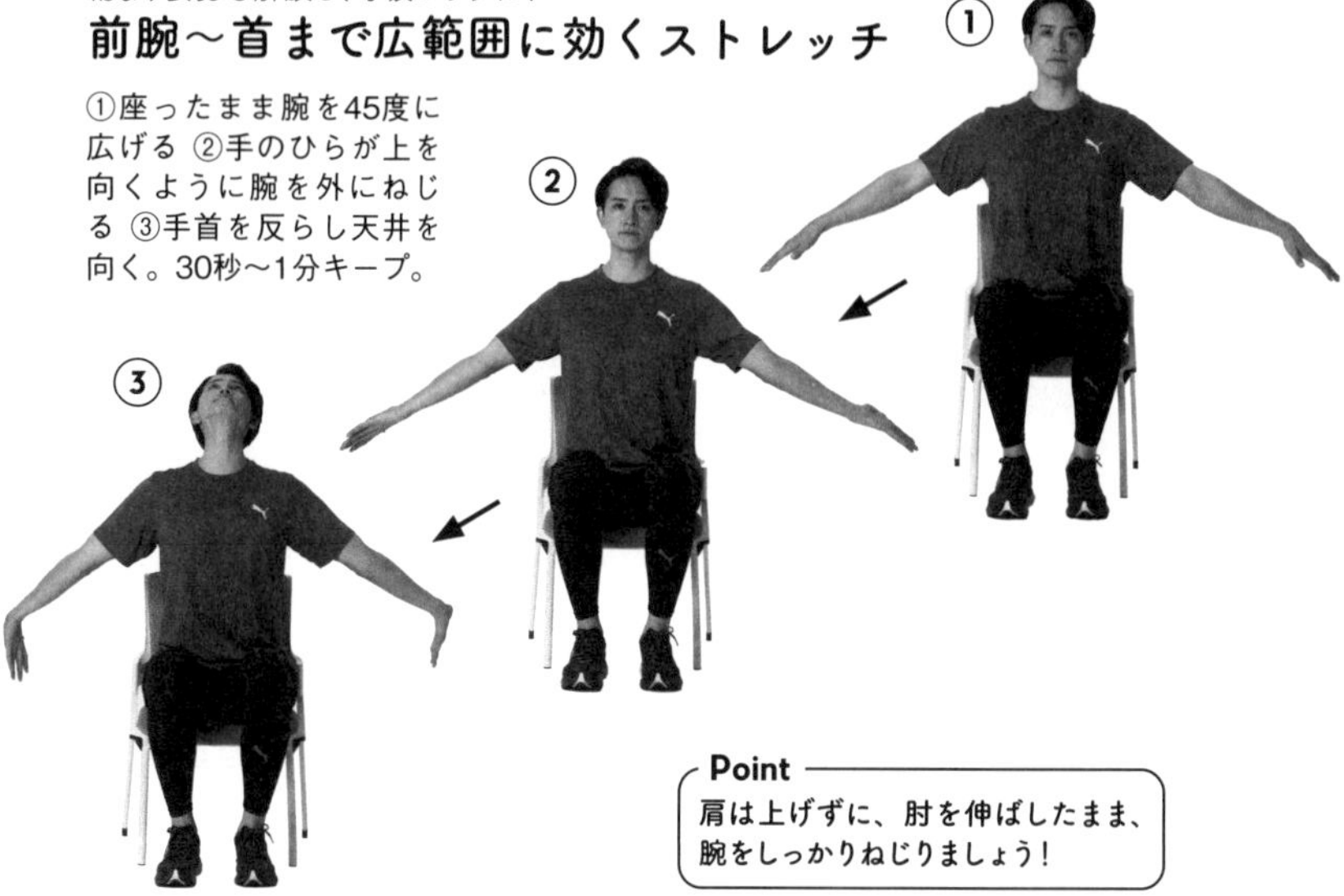

Point
肩は上げずに、肘を伸ばしたまま、腕をしっかりねじりましょう！

リーが増えてしまう可能性への対策は急務なのです。

まず、**朝は必ずカーテンを開けてください。窓越しでもいいので日光を浴びましょう。**118ページでも解説したように、睡眠の質を高めるためには日光が必要です。また、日光を浴びることで体内で生成されるセロトニンには、食欲を落ち着かせる働きもあります。*18

そして通勤時間がなくなった分、身体を動かす時間を設けて

固まるとヒップダウンにつながる！

もも裏のストレッチ

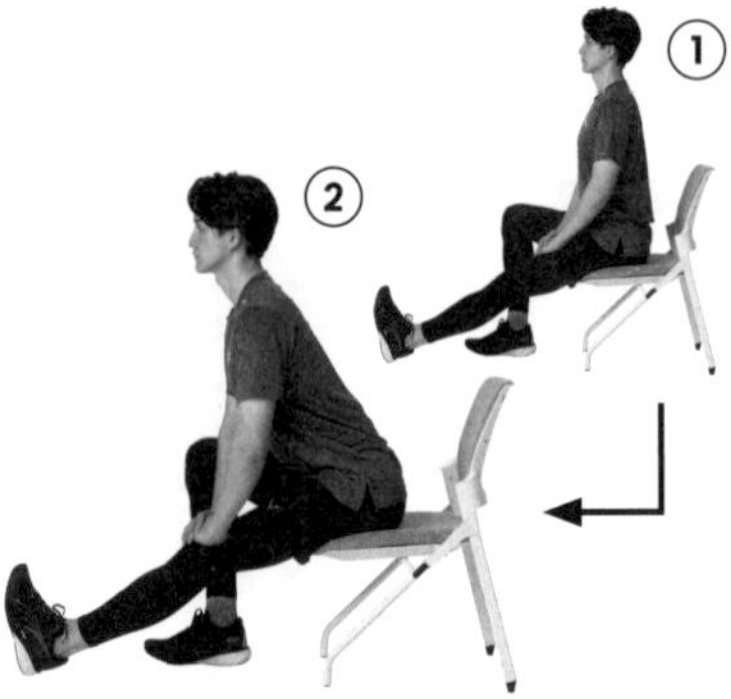

①椅子に浅く座り、左足を一歩前に出す ②背中を伸ばしたまま上体を前に倒す。もも裏の伸びを感じながら15〜30秒キープ。左右行なう。

Point
上半身を無理に倒す必要はありません！ 骨盤を立てることがポイント。

意外と固まる！ 腕と指を緩めよう

前腕のストレッチ

①指先を下に向け、手のひらを前に出す ②反対側の手で指先をつかみ、引っ張って指を反らして、30秒〜1分キープ。左右行なう。

Point
手首からしっかり曲げるイメージで実施しましょう！

ください。ランニングやトレーニングなどの運動でなくても、**買い物に出かけたり、掃除や料理をするだけでも、活動量の減り過ぎを防ぐことができます。**

さらに何より大切なのは、余計な間食を控えることです。そのためのコツは76〜79ページでも解説しましたが、お菓子を家に入れないこと、気づきにくい場所に置くこと。それだけでも一定の効果は得られます。

在宅ワークのほうが、悪い姿

勢で仕事をする人や、集中し過ぎるあまり同じ姿勢で座り続ける人が多いようです。**体調のためにも姿勢改善という意味でも1時間に1回は何かしら身体を動かしましょう。**伸びをするだけでもOKですが、座ったままできるストレッチを紹介しますので、参考にしてみてください。

腰痛もラクになる！

お尻のストレッチ

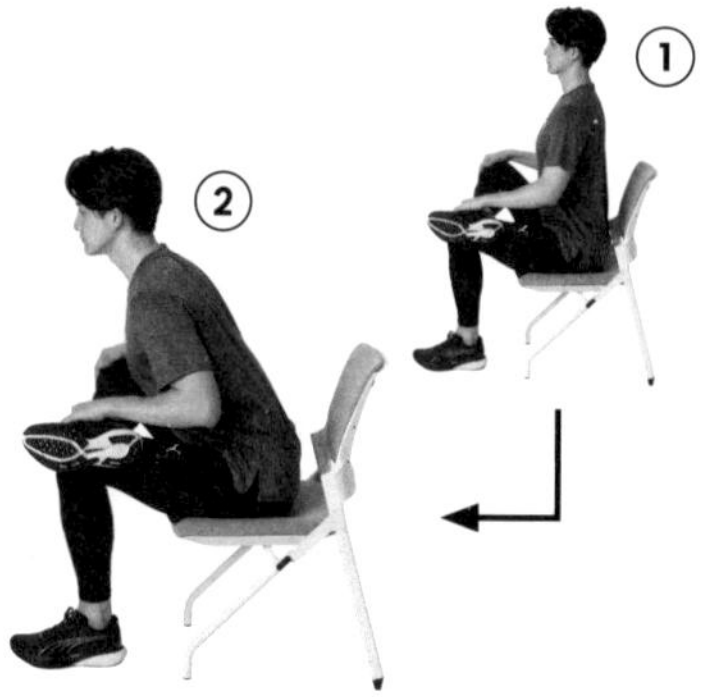

①片足を反対足の膝の上に乗せて、4の字の形を作る ②背中を伸ばしたまま上体をゆっくり前に倒す。15～30秒キープ。左右行なう。

Point
このストレッチでも骨盤を立てることを意識できていればOK！

Answer

在宅ワークでは、生活の中での細かな活動量アップを意識し、間食にも注意

Question 32

ダイエットを進める上で、便秘の解消も有効ですか？

便秘の解消は、ダイエットにおいても、減量においても必達課題です。ぜひ、がんばりましょう。

まずはそもそも便秘とはどういった状態を指すのか共通理解を得ましょう。日本で定められた便秘の定義は「本来体外に排出すべき糞便を十分量かつ快適に排出できない状態」（日本消化器病学会）です。意外に思われるかもしれませんが、毎日排便がないからといって、便秘とは限らないということです。**頻度だけではなく残便感の有無などから総合的に判断**する必要があるようです。例えば、減量中で食事を制限している人がそうです。食事量を減らせばその分、便の量が減ります。これは当然のことであって便秘とは言いません。食事量が減るということはその分本来体外に排出すべき糞便も減ります。

つまり、頻度よりも残便感を優先して判断するのがいいのかもしれません。

次に、便秘の原因については、以下の3つの要素が考えられます。これらについて対策を考えましょう。

①食物繊維不足

食物繊維の摂取目安は約20g／日です。これに満たない人は改善しましょう。**具だくさんのみそ汁を食べたり、90～91ページほかで挙げた、食物繊維の多い食材を意識して摂るといいでしょう。**ただ1点だけ注意点があります。**一気に大量に増やすのではなく、少しずつ増やすこと。**まれに食物繊維を増やしたことで、便秘が悪化したというケースもあります。この場合、腸の動きに対して繊維量が多過ぎたということが考えられます。

②腸内の水分不足

そもそも1日の水分摂取量が少なすぎる可能性があります。1・5ℓを目安に水を摂りましょう。必要水分量は体格や活動量によって変わるので、あくまでも目安です。たまに水を飲むのが苦手な人もいらっしゃいますが、その場合であっても**1日1ℓは飲んでいただきたい。そのほかは、水分の多い食材やスープ系を取り入れるなどして対処します。**

さらに、**便に対する水分補給という視点も大切**です。便の水分が減ってしまうと、その分、排便が困難になります。そのためにも水溶性食物繊維は必須です。主に海藻が中心です。あるいは、粉末状の食物繊維「イヌリン」を使ってみてください。イヌリンは腸内環境改善や血中中性脂肪の低減などの効果も期待できると言われています。約3gを1日に2～3回食事と一緒に摂りましょう。無味無臭の粉末なので汁物に入れるだけでOKです。

③腸の蠕動《ぜんどう》運動の低下

自律神経のうち、〃リラックス〃を司る副交感神経が腸の蠕動運動に関わっています。要するにリラックスした状態のほうが、排便を促しやすいということです。例えば、日中にストレスが強い場合や夜の睡眠の質が低かったり、夜間に低血糖になってしまったりすると、交感神経が優位に働く時間が長くなり、排便が促されません。つまり、**生活リズム、ストレスケア、睡眠の質を高めることが便秘解消につながる**のです。

ちなみに、**便の腸内での滞在時間が長くなるほど、カロリーがより吸収されやすくなる**とも言われています。そういった意味でも便秘は早めに解消しましょう。

最後に、手を尽くしても解消されない、頑固な便秘症の方は一度専門医に診てもらうことをおすすめします。大腸がんや腸の炎症性の疾患が隠れている可能性もあります。また、便秘と下痢を繰り返すようであれば、過敏性腸症候群（ＩＢＳ）の可能性も考えられます。ＩＢＳの方には、腸に合わない食材もありますので、この場合も専門医のアドバイスをもとに対処することが最も安全です。

Answer

便秘は食物繊維と水分の補給、さらにストレス回避などで対策を

Question 33

むくみを解消すれば、やせられますか？

結局のところ、**体液（＝血流）の循環を多くすれば、むくみは減ります。**血液は心臓から血管を通って下部組織まで行き渡り、毛細血管から染み出て細胞に運ばれます。その後大半は静脈に入り、一部はリンパ管を通って心臓に戻ります。このリンパの流れが悪い状態を「むくみ」と言います。これを解消するにはやはり**運動、ストレッチ、マッサージなどで血流を良くする**ことが大切です。運動の時間がない方は、**お風呂で足裏やふくらはぎのマッサージ**をしてください。水分摂取も大切です。仮に、水分摂取量が極端に少ない時には血行が悪くなる場合もあります。最低限の水（1～1・5ℓ以上）を飲むようにし、運動をする場合はもっと飲んでください。

また、**筋肉量が少ない人もむくみやすい**です。筋肉は血液をポンプする役目があるので、

Answer

むくみを解消するカギは血流促進と、筋力アップ。自律神経にも着目して

カリウムを多く含む食材と可食部100gあたりの含有量

	食品名	加工状態	含有量
野菜	切り干し大根	乾燥	3500mg
野菜	ドライトマト	乾燥	3200mg
野菜	パセリ	生	1000mg
野菜	ほうれんそう	生	690mg
野菜	枝豆	ゆで	490mg
果実	ドライバナナ	乾燥	1300mg
果実	ドライマンゴー	乾燥	1100mg
果実	干し柿	乾燥	670mg
果実	アボカド	生	590mg
果実	バナナ	生	360mg

出典：文部科学省「日本食品標準成分表2022年版（八訂）」より

筋肉が少ないということは、体液を心臓に戻す力が少ないということでもあります。次に、塩分摂取量に注意しましょう。外食やコンビニ食で塩分摂取量が多くなる人は、体内の塩分バランスを取る役割がある**カリウムを日常的に摂取することも有効**です(上表)。

最後に、再び自律神経です。交感神経が高まっている時間が長いと末梢の血管が収縮するので**むくみやすくなります**。ストレスを感じる時間が長い、睡眠時間が短いなども原因です。

Question 34

ダイエットに成功した後、リバウンドを防ぐ方法は？

リバウンドを防げるかどうかは、やせた後の努力ではなく、やせるための準備や過程をどう考えるかのほうが大事です。ここまでじっくり読んでくださった方でしたら、共通理解を得られているはずです。

例えば、やせるために今までしていなかった運動や食事制限に取り組んで、何とかやせたとしても、その体重をキープできる可能性は低いです。**生活の変化が急激であるほど、さらに努力が過激であるほど「継続できる可能性」が低くなります。たとえがんばってやせられたとしても、**また元の生活に戻れば体重も元に戻ります。つまり、リバウンドするか否かは、その生活を維持できるか否かで決まるのです。

ですから、もしあなたが「やせたい」のではなく、「やせていたい」のであれば、**全ての努力は2か月先のことを考えるのではなく、1年後のことを見据えて選択すべき**です。

常に今の努力に無理はないか、続けられる努力かどうかを判断して選択してください。最初は小さな努力でもいいので、そこからステップアップさせることが、リバウンドを防ぐための最も重要なコツです。

Answer

「やせる前」の作戦が重要。2か月後の減量より1年後の健康を意識

Column

筋量増加は一時的でもいい

筋肉を増やすという努力においては、一時的な効果を考えるだけでも恩恵を得られます。なぜならば、筋肉にはマッスルメモリーと呼ばれるシステムがあるからです。それはいわば「たとえ筋肉が減ったとしても一度大きくなった分までの回復は比較的早い」ということです。なので、多少の体重増加を気にせず、どこかのタイミングで筋肉量を増やすための期間を設けることは有意義だと思います。

Column
— 03 —

やせるためには自律神経が大切

「自律神経」ってよく聞くものの、結局何がどう重要なのかぼんやりしていませんか？ このコラムでは、やせたい人にとっていかに自律神経の正しい働きが大切なのかを解説します。

まず自律神経には2種類あります。「交感神経」と「副交感神経」です。それぞれ身体にとって重要な役割があり、どちらかが活発な時は片方が休み、必要に応じてまたその逆の状態でバランスを取ります。交感神経は身体をＯＮの状態に、副交感神経は身体をＯＦＦの状態にするスイッチです。日中は身体を活発に動かすために交感神経が優位になります。逆に夜間の睡眠中は身体を整えるために副交感神経が優位となります。

自律神経のバランスが崩れた状態とは、この両者のスイッチがうまく切り替わらなくなったり、どちらかの働きが極端に弱くなったりすること。例えば、日中に過度なストレスを感じる環境で過ごして、そのストレスに対処しきれない場合、交感神経の活動が優位になり過ぎます。その結果、相対的に副交感神経の働きが弱くなったりします。また交感神経過活動の期間が長期に及ぶと、その後、がんばり過ぎた交感神経は働きが低下してしまいます。このように、自律神経のバランスが崩れてしまうと、それに伴って身体に不調が生じます。

ダイエッターの皆さんにとってわかりやすい不利益は、「脂肪分解能力の低下」や「便秘」です。脂肪を分解させるには、まず交感神経の働きが必要です。交感神経が活性化することでアドレナリンというホルモンが分泌されます。このアドレナリンが脂肪細胞にあるホルモン感受性リパーゼに働きかけ、脂肪の分解反応が起こります。全てのきっかけは交感神経です。また、腸は副交感神経によって調整されます。夜間にしっかりと副交感神経が優位になることで翌朝の排便の準備が整います。以上のことから、自律神経のバランスが悪い、または働きが弱くなってしまうと、脂肪分解能力も下がり、便秘にもなるということです。

また、シフトワークの方には残念な話ですが、生活リズムが悪いと自律神経は乱れやすくなります（夜勤でがんばっている皆さんには、感謝をお伝えしたいです）。ですので、規則正しい生活は、本当にダイエットに必要なアクションなのです。

第3章　生活習慣編　まとめ

- □ 短時間睡眠は食欲増進のリスクも。
  運動よりもまず、睡眠を優先して
- □ 快眠ルーティンを実践することが〝やせる近道〟になる
- □ 体型を決める要因の5割は遺伝子。
  モデル体型を目指すなら覚悟を決めて
- □ 在宅ワークでは、生活の中での細かな活動量アップを意識し、
  間食にも注意
- □ 便秘は食物繊維と水分の補給、さらにストレス回避などで対策を
- □ むくみを解消するカギは血流促進と筋力アップ。
  自律神経の働きにも着目して
- □ リバウンド対策は、「やせる前」の作戦が重要。
  2か月後の減量より1年後の健康を意識

第4章

やせ疑問

編

ダイエッターの
素朴な疑問をまとめて解決

Question 35

「やせやすい人」と「やせにくい人」は何が違うのでしょうか？

ダイエット指導者として現場で指導してきた僕が、ダイエットのリアルな部分についてお伝えします。やせやすい人とやせにくい人、そこには主に6つの影響があると考えます。

1番目は、122〜125ページでお伝えした**「遺伝」の影響**です。やはりこれは無視できません。やせやすい遺伝子もやせにくい遺伝子もあるのです。

2番目に、**腸の吸収率**の問題です。

例えば**同じ食べものを口に入れたとしても、人によって吸収されるカロリーには差があります**。とはいえ、「じゃ、吸収しないほうがやせられるんだ！」と考えてしまうのは危険です。腸での吸収率が低くてやせている人は、視点を変えれば、栄養不足で身体が弱い状態かもしれません。ですから、むやみに栄養吸収をカットするサプリメントを使い続けることも、おすすめできません。脂っこい食事をする時だけなどに限定して摂取するのはいいと思います。

3番目は、**自律神経の働き**です。

生活リズムが崩れていたり、ストレスを受け続けている人は、自律神経の働きが弱くなってしまいます。自律神経のうち、特に交感神経には脂肪を分解するためのスイッチを押すような役割があります。つまり、**自律神経が弱ってしまった人は、脂肪を分解する力が低下する**ことになります。やはり、生活リズムを整えることは大切なのです。

4番目が、**生活環境**です。

これは〝自律神経の働き〟にも通じるのですが、要するにその人が置かれている環境が非常に大切で、あらゆる行動に影響を及ぼします。例えば、シフトワークであれば、生活リズムが乱れることを余儀なくされます。仕事で多忙な人は、運動する時間や自炊する時間がないかもしれません。脂っぽいものやお菓子をたくさん食べる環境にあれば、ヘルシーな食事を続けることが困難になります。家事も、育児も、さらに仕事もさほどないという人であれば、トレーニングや食事の管理に当てられる時間も労力もたっぷりありますが、そうもいかない人がほとんどです。個人それぞれに生活があるので、**ほかの人と努力の量を比較しないことが大事**です。

そして5番目が**味覚**です。

塩分が高いものや、脂っこい食事が好きな人は、かなり不利になります。「食の好みだから仕方がない」と思う方もいらっしゃると思いますが、一部はYES、一部はNOです。確かに好きなものを嫌いになる、一切食べないなんて無理な話です。ですが、味覚は変化します。舌にある味蕾細胞は2週間で作り変えられます。例えば**濃い味が好きな人も、2週間だけ我慢すれば、薄味でもしっかりと素材の味を楽しめる**ようになります。

最後に**食欲が正常か**どうか。

言い換えれば、**自身の食欲レベルをしっかり判断できるかどうか**です。本来、食欲は自然とコントロールされているので、食べることで食欲が収まります。この機能が正常ならば食べ過ぎてしまうこともありません。ですが、いくつかの要因が重なった時に食べ過ぎてしまうのです。例えば**ストレス、日常的なカロリー不足、長い空腹時間、食に対する禁欲、祝いごとなどのイベント的要素、グルメ情報などの視覚的刺激など**など。76～79ページを参考に、**食事前や食事の最中に自分の食欲は今どうなっているか、考えてみる**といいでしょう。冷静に客観視できれば、「別に今じゃなくてもいいや」と考えられるようになり、食べ過ぎを減らすことができます。

Answer

やせやすい、やせにくいの〝ワケ〟を理解した上で、戦略を考える

Column

太れなくて悩んでいる人も実は多い!?

やせたいと願う人が多い一方で、太れなくて困っている人もいます。実はこの悩みも根が深いんです。いわゆるマイノリティな悩みなので共感されることが少ない。何だったら、悩みを打ち明けても、受け取ってもらえない。「え～いいな～うらやましい」と言われて終わってしまったり。やせたいと願う人、太りたいと願う人、お互いの立場があることを知っておくと視野が広がります。

Question 36

「チートデイ」も有効な方法ですか？

まず、「チートデイ」という言葉を初めて聞く人のために簡単に説明すると、**コンテスト出場選手が減量の過程で行なう食事スキルの1つ**で、1日あるいは2日にわたって、普段の何倍ものカロリーを摂取する日のことです。減量の過程で下がってしまった代謝を、また一時的に上げるために用いられています。実際にうまく活用できれば、体重減が停滞することなく減量を進められると言われています。

ただし、僕は一般の人にとっては不要だと考えています。そもそもコンテスト出場選手のようにエネルギーが枯渇した状態を作り出すことはありませんし、チートデイを挟まなければいけないような食生活なのであれば、良いダイエットを実践できているとは言えません。**限界ギリギリのラインではなく、もう少し余裕を持って食欲を安定させるべき**です。

たまに、強い食事制限とチートデイを繰り返す生活をしている人を見かけますが、けっして健康的な生活とは言えません。「普段がんばっているから、たまにはたくさん食べる！」とダイエット的ではない食事を苦しくなるほど食べてしまう、という全か無かの状態ではなく、**適量をたまに食べる感覚を養ってほしい**と考えます。

かといって、チートデイ禁止！ と言っているわけではありません。人間ですから、たまには食べ過ぎてしまう日もあるでしょう。そんな時は心を落ち着かせるために「今日はチートデイだから大丈夫」と便利なこの言葉を借りましょう。仮に1日食べ過ぎたからといって全てのカロリーが吸収されるわけでも脂肪になるわけでもないので、そんな日が稀にあってもいいと思います。問題は〝チートデイを前提とした食生活〟です。やはり、**コンテスト出場選手の食事術と一般の人が実践するダイエットは一線を画すべき**です。

Answer

チートデイは選手のための食事術。一般のダイエッターは適量維持が原則

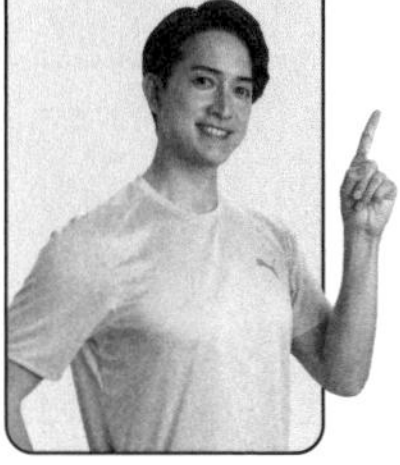

Question 37

やせるというより「ぽっちゃり体型」を何とかしたいんです！

まずは、共通認識を図るために「ぽっちゃり」を定義します。ＢＭＩが25以上は肥満の扱いになるので、その手前、かつ、標準ど真ん中よりは上、ということでＢＭＩ23～24・9あたり。例えば身長158㎝であれば体重57・5～62㎏。さらに、ＢＭＩはその体重が筋肉か体脂肪かを評価できませんので、体脂肪率も約30％以上としておきます。

結論から言うと、やるべき努力は同じ、まずは**摂取カロリーの見直し**です。多過ぎたら減らし、少な過ぎたら増やす。どちらであっても少しずつ変化を起こしてください。そして**ＰＦＣバランスに気を遣う**こと。これらについても86～89ページで解説しているので、参考にしていただきたいと思います。

次に**食事量をがんばるのではなく、活動量を上げる**ことに力を注いでください。身体に栄養が満たされている状態で、しっかりと身体を動かすこと。この期間をなるべく多く取ることが大切です。できれば、筋力トレーニングと有酸素運動を１：１の割合で実施してください。有酸素運動で脂肪燃焼を狙いつつも、トレーニングで筋肉が減り過ぎないように予防できます。時間で分けてもいいですし、日で分けてもＯＫです。

これでも解消されない場合は、**ＰＦＣバランスを保ちながら少しずつ摂取カロリーを減らしましょう。全体の10％**だけでＯＫです。この際、32〜33ページのロードマップを再度確認し、摂取カロリーを減らす前にやるべきことはないか、確かめてください。

Answer

ＰＦＣバランスを意識して摂取カロリーを減らすこと。活動量アップも大切！

Question 38

「ぽっこりお腹」を解消したいのですが…。

ぽっこりお腹に悩んでいる人は非常に多いです。全体で見るとやせたのに、お腹だけやせられない……と悩んでいる人も多く、そうした方の身体を見せていただくと、体脂肪ではない部分に問題がある場合がほとんどです。その原因を解説しましょう。なお、解決策については50～53ページを参考にしてください。

■ぽっこりお腹の原因1　反り腰姿勢

前述したとおり、反り腰の人はお腹がぽっこりと見えやすいもの。また反り腰の人は肋骨が開きやすいので、余計にお腹が大きく見えがちです。

■ぽっこりお腹の原因2　スウェイバック姿勢

スウェイバックが原因でお腹が大きく見えている人は、同時にお尻も垂れて見えてしまうので、スウェイバックの改善は一石二鳥の効果があると言えます。

■**ぽっこりお腹の原因3　便秘**

腸の内容物が多ければその分お腹が大きく見えます。思い当たる人は、何よりまず便秘を解消しましょう。

これら3つの原因に対してしっかり対策をできればぽっこりお腹も解消されます！　僕の経験上、ぽっこりお腹が解消されるだけでも、**見た目上はマイナス3kgほどやせて見えるようになります！**

Answer

「ぽっこりお腹」を解消するには姿勢改善と便秘対策が有効

Question 39

骨盤の歪みを正すとやせやすくなりますか？

「○○が太いのは骨盤が原因です！」といった情報を見かけたことがある人も多いでしょう。ですが、**骨盤自体が歪むということは、そう起こることではありません。**

例えば出産で骨盤が緩くなりますが、自然とまた元に戻ります。ママさんの体型崩れについては出産による骨盤のズレが根本的な原因ではなく、妊娠中に活動量が減ったことによる筋力や柔軟性の低下、そして赤ちゃんの抱っこなどによる姿勢の崩れが原因と思われます。ですから、基本的なストレッチとエクササイズを行なえば、問題ありません。

ただし、**骨盤周辺のトラブルによって見た目的に太くなるという可能性はあります。**例えば、50～53ページで解説したように反り腰になることでお腹がぽっこりと見えやすくなることや、60～61ページの部分やせの項目で解説したように、股関節の動きが極端に悪くなることで膝への負担が大きくなり、結果的に太ももが張りやすくなることなどです（骨盤と股関節は別ものですが割愛します）。このように見た目への影響はありますが、**体脂肪の減りやすさは別の話です。**運動の消費カロリーに差が出るとは考えにくいので、**骨盤とやせやすさには関係がないもの**と考えましょう。

とはいえ、見た目への影響や運動の効率化を考えた場合、〃股関節〃の機能を正常に保つことは大切です。仮に**股関節に大きなトラブルが発生してしまうと、生活全体の活動量が下がってしまいます。**本書でも紹介したストレッチとエクササイズでは股関節のための種目も組み込んでありますので参考になさってください。

Answer

骨盤の歪みは「やせる」に関係なし。ただし、骨盤の傾きは見た目に影響あり

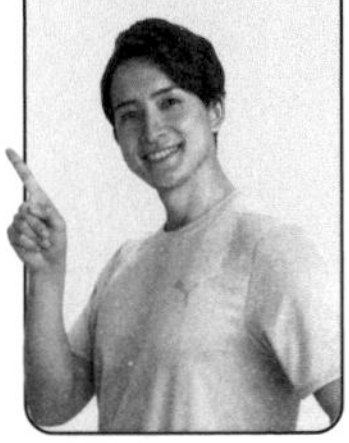

Question 40

「肩甲骨を動かせばやせる」というのは本当ですか？

「肩甲骨を動かして代謝アップ！」の見出しを見かけたことはありませんか？　これも誤解の多いダイエット情報です。確かに、肩甲骨を動かせばその分エネルギー代謝は生まれますが、あたかも特別な効果があるように感じさせてしまいます。そこで、肩甲骨と代謝の関係について解説します。

実は脂肪細胞には大きく2種類のタイプがあって、1つは皆さんがイメージする**体脂肪**で「**白色脂肪細胞**」と呼びます。もう1つは脂肪細胞でありながら、**熱を作り出しエネルギー代謝を担う**「**褐色脂肪細胞**」です。当然、褐色脂肪細胞が多い人のほうが、太りにくくやせやすいです。また、褐色脂肪細胞は加齢と共に減っていくのが自然な現象です。つまり**褐色脂肪細胞の量がやせ体質かどうかの1つの要因であり、加齢に伴う代謝低下の1**

要因であるとも言えます。この褐色脂肪細胞は肩甲骨周辺に存在します。ですから、「肩甲骨を動かして褐色脂肪細胞を刺激し、エネルギー代謝を高めよう」という理論はそれっぽく聞こえるのですが、残念ながら褐色脂肪細胞は機械的な刺激ではなく、冷却刺激に反応します。実際に、**寒い部屋で2時間程度、薄着で過ごしてもらうと褐色脂肪細胞が活性化**されて代謝が高まります。*19

だからといって「寒さを我慢したらやせるよ」とも言いにくいです。体調に対するリスクがあるためです。ただし、これは持論の域を超えませんが、冬にあまりにも**外部から身体を温め過ぎずに、冬らしくある程度の寒さを感じたほうがいい**のかもしれません。ちなみに僕は、冬でも積極的に外に出て、散歩をします。

Answer

「やせる」に関連する褐色脂肪細胞は肩甲骨の刺激ではなく、冷却刺激に反応

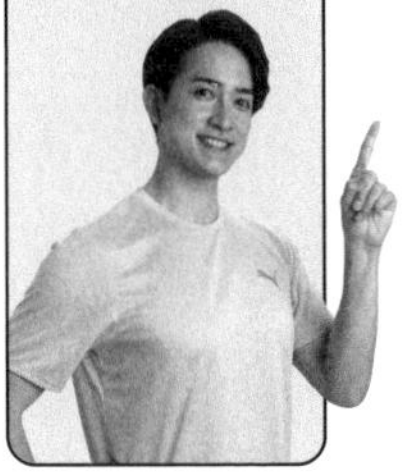

Question 41

股関節を動かせば、脚やせしやすくなりますか？

股関節を動かすだけで脚の脂肪が減るようなことは決してありませんが、**股関節周辺の動きの悪さが原因となって、脚が太く見えている人**はいます。ですので、股関節周辺の筋肉をストレッチして関節の動きが悪くならないようにすることと、周辺の筋肉を動かして筋力を保っておくことは大事です。

人の身体はどこかが悪いと別の場所で代償を取ります。仮に股関節の動きが悪くなってしまうと、その分、膝や腰の負担が増えることがあります。そして、膝への負担が大きくなるということは、膝関節に大きく寄与している太ももの前の筋肉への負担が大きくなるということです。つまり、**股関節のトラブルのせいで太ももの筋肉が張ってしまう可能性があるということです。**これを解消するために必要なことは股関節周辺のストレッチです。

そのほか、股関節周辺のトラブルとして〝内股〟があります。読者の女性の中にも内股の方は多いと思います。実は、股関節の形に性差があって、そもそも女性のほうが内股になりやすいのです。**内股とは、太ももの骨が内巻きにねじれてしまった状態**です。この場合も、太ももの筋肉が張りやすくなります。実際に、立ってみて、強く内股の姿勢を取ってみてください。太ももの外側を中心にして力が入ってしまいませんか？　この場合、逆に**太ももを外にねじる役目を持つ筋肉のエクササイズが有効**だと考えられます。

これらのように「股関節の動きが悪い」そして「内股」の状態のままで、下半身のトレーニングを実施すると、通常よりも太ももの前の筋肉を使い過ぎてしまいます。改善策として、ストレッチの04、05、07や、エクササイズの03、07、08をおすすめします。まずは**股関節の機能を改善して、張ってしまった筋肉をすっきり**させましょう！

Answer

股関節が整えば、脚がすっきり見えて、腰や膝への負担軽減にも効果的

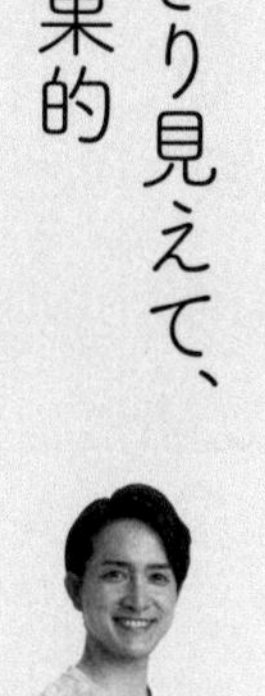

Question 42

年齢や体型によってやせる作戦を変えるべきですか？

「脂肪の分解」という観点で言えば、年齢や体型にかかわらずやることは一緒です。ただし加齢に伴い、腸内細菌のバランスが崩れやすくなる、褐色脂肪細胞が減り、筋肉量も減って基礎代謝が落ちる、そうした諸々の影響でやせにくくなるのは、自然な現象です。昔はもっと簡単にやせられたのに……と悶々とすることもあるでしょうが、長い目で見ることです。

一般的に、加齢と共に代謝も落ちるということを考えれば、体重や体脂肪率を維持できているだけでも十分なアンチエイジングと言えるのではないでしょうか。ですから、腸のためにも健康的な食材を意識して、筋肉がなるべく落ちないように運動習慣を身につけておくことをおすすめします。その上で最も重要なことがあります。それはやせることを追求し過ぎないことです。「何歳から？」と聞かれると回答が難しいのですが、年齢を重ねるほど、やせ過ぎるとやつれて見えます。**ある程度の体脂肪と筋肉を残しておくほうが、見た目的に元気で若々しくいられる**と思います。

また、体型についてですが、実は**脂肪の付き方も遺伝の影響が大きいと言われています。大きく分けると上半身型、お腹中心型、下半身型の3タイプ**です。残念ながら部分やせは難しいため、脂肪が付きやすい部分に対して特定のアプローチをすれば解消される、というわけではありません。それよりも考え方としては**脂肪が付きやすい部分と、付きにくい部分の視覚的なアンバランスをいかに抑えるか**を考えたほうがよさそうです。これについては経験則が中心になるので、あくまで参考として捉えていただければ幸いです。

■上半身型

このタイプの人は肋骨が開き気味になっていて、肩甲骨が左右に開きながら持ち上がっていることが多いです。まずは呼吸の浅さを疑います。本来であれば、呼吸と共に肋骨は開いたり閉じたりしますが、開きっぱなしで動かない状態ではないでしょうか？　**左右の**

あなたはどのタイプ？

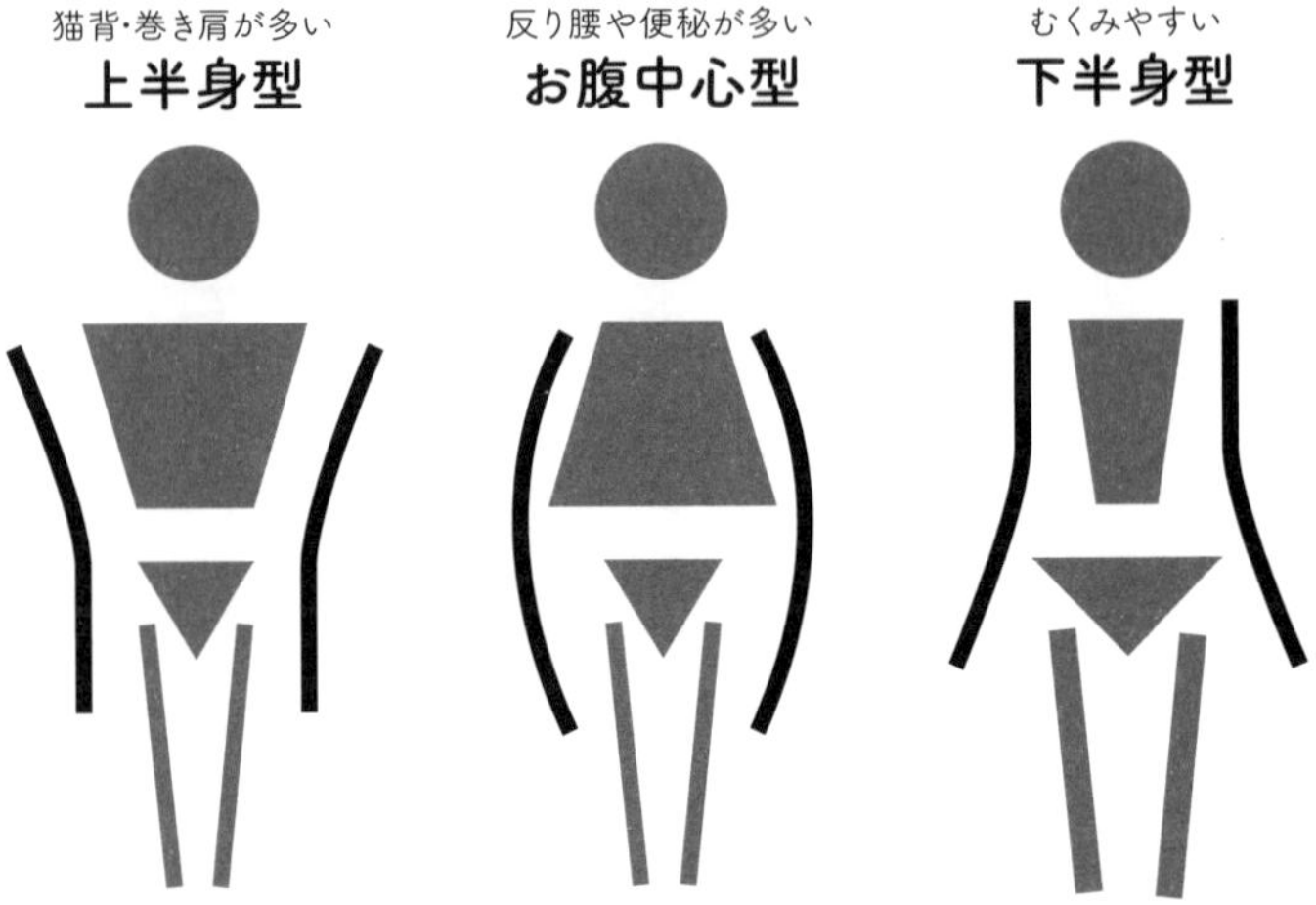

肋骨に手を当てて大きく呼吸し、意識的に肋骨を動かす訓練から始めてください。

また、もしかすると反り腰を有しているかもしれません。**腹部のインナーを鍛えて、反り腰の改善**も有効な手段です。

さらに、巻き肩になっている可能性もあります。巻き肩になると肩甲骨が左右に開き、持ち上がります。その結果、上半身が大きく見えてしまうのです。対策としてはまずは胸筋のストレッチから始めてください（64ページの01）

■お腹中心型

およその場合、**腹部のインナーが弱くなっています。**筋力、姿勢、腸の状態など多角的に原因を探しましょう。50～53ページなどを参考にしてみてください。

■下半身型

むくみが起きやすいタイプですので、134～135ページを参照してください。そして、股関節の機能が影響を及ぼすことも大いにありますので、その場合は、156～157ページをご覧ください。

また、上半身と下半身のバランスを取るために、上半身のトレーニングも効果的です。特にやせを目指すと、脂肪も筋肉も、全身から減っていきます。蓄えのない上半身が貧相に見えてしまうこともあります。少なくとも筋肉が減らないように日頃から鍛えておくことをおすすめします。

Answer

加齢に伴ってやせにくくなるのは事実。体型別の攻略法も考えて

Question 43

もうちょっと続けるために停滞期を乗り越えるコツを教えてください！

停滞期は必ず訪れます。体重は減少し続けるわけはなく、どこかで鈍化し、どこかで止まるからです。そんな場面で、さらなる減量に向かうためのアクションをお伝えします。

①もう一度立て直す

どうにも身体に変化が起きない時は、各ページを参考にしてもう一度立て直しを図ってください。その場合、**少しずつ摂取カロリーを増やすことになると思いますが、必ず運動を怠らない**ようにしてください。これは〝振り出しに戻る〟わけではありません。実はボディメイクの場合、このように同じサイクルを何周もするケースが多いのです。

②運動頻度または強度を高める

運動の頻度と強度のいずれかを増やせないか確認してください。**最も期待値が高いのは頻度を増やすこと。次に強度の調整**です。強度に関しては、例えばウォーキングの速度を上げる、坂道を利用するなど。宅トレ派はダンベルを持ってみましょう。

③PFCバランスを変える

86～89ページで説明したPFCバランスはあくまでも目安なので、皆さんにとってそれが最適なバランスかどうかはわかりません。ですので、ある程度の調整は許容の範囲内と言えます。例えば、PFC＝30：20：50（％）などに設定して、タンパク質の比率を高めることは期待値が高いです。なぜなら、タンパク質はほかの栄養素よりも熱に変換されやすく、体内にエネルギーとして蓄積されにくいからです。

Answer

停滞期は意識を変えて立て直し。PFCバランスを変えるのも手

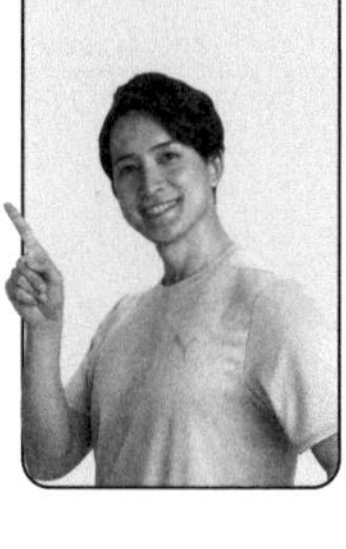

Question 44

食べる順番、16時間断食、ファスティング、最も効果的なダイエット法は？

巷にあふれる様々なダイエット法について、それぞれのメリットやデメリットを解説していきます。

■食べる順番ダイエット

野菜から食べる「ベジファースト」、炭水化物から食べる「カーボファースト」、タンパク質から食べる「ミートファースト」などがあります。結局、どれから食べたらいいのでしょう（笑）。ミートファーストについてはタンパク質摂取に伴って分泌される食欲抑制ホルモンを活かした施策です。さらに、ベジファーストとミートファーストは、血糖値の急上昇を抑えるための施策。一方で、カーボファーストはその逆で、早い段階で血糖値を上げて食欲の安定を図っています。どれも良い面があるのですが、どの食べ方であっても共通する大事な食べ方があります。それは**しっかり噛み、ゆっくり食べること。咀嚼はそれ自体が食欲を安定させる指令**となります。[*9] また咀嚼を合図に消化器官が動き始めるので、食事による胃腸への負担も軽減できます。

■16時間断食

朝食を抜いて夜〜翌日昼にかけて16時間程度の長い絶食時間を設ける食事法です。16時間あけることでオートファジーという細胞の機能が働き、細胞自体が若返るという理論があるそうですが、オートファジーとやせる云々の話は関係ないと思われます。16時間断食でやせられた人は結局のところ、摂取カロリーが抑えられただけという研究結果が出ています。[*20]

16時間断食でやせられた人は、朝食をなくして昼と夜だけで生活するほうが、摂取カロリーの削減がうまくいった、というだけです。ですから、生活になじむ人には良いダイエットプランでしょう。ただし、欠食のデメリットは76〜79ページでもお伝えしたとおり多いので、個人的にはおすすめしません。

■ファスティング（断食）

こちらもおすすめはしません。胃腸を休めるとよく耳にしますが、健康的な食材をリズム良く摂り、全身に栄養を供給する中でなぜ胃腸を休める必要があるのかわかりません。また、宿便が出ることも相まって確かに体重は落ちるのでデトックスされた感を得られるのですが、宿便というものは断食によって栄養を失って死んでしまった腸内細菌です。

ただ、経験者の話を聞くと良さそうな点が浮かびます。それは頑固な便秘の改善です。先ほどお伝えしたとおり、腸内細菌が死んで出ていきます。そこから新しく腸内細菌を育てていくことで、もしかしたら**便秘しにくい腸内環境に作り替えることが可能になるのかもしれません。**成人の腸内環境を根本的に変えられるわけではありませんが、一定の効果は得られるかもしれません。逆に、**増えた体重を落としたいという、単純な体重コントロールが目的であればおすすめしにくい**です。

■置き換えダイエット

ひと昔前、1食分をプロテインなどに置き換えるというダイエットが流行りましたが、今はもう人気がないようです。例えば、夕食を100〜200kcal程度のドリンクに置き換えたら、誰でも一時的には体重は落ちるかと思いますが……。

■**レコーディングダイエット**

これは、**ダイエット初期段階の方には必ずやってほしい**です。今ではいろんなアプリが出ているので試してみるといいと思います。食事の記録を取ることで、摂取カロリーが多いのか少ないのか、ＰＦＣバランスのうち、どこに問題があるのかを探ることができます。ただし、記録に一喜一憂してしまう人はずっとやり続ける必要はありません。どこかのタイミングで、食生活が整ってきた段階からやめてもいいと思います。

Answer

それぞれの仕組みを理解した上で、やるかやらないかは自分次第

Question 45

パーソナルジムに行けばやせられますか？

「必ずやせられます！」とは言えませんが、大きな価値があると思います。ここでは、どういった価値があるのか、どんな人におすすめなのか、活用法までお伝えします。

パーソナルジムの価値として**「自身の身体を客観的に、正確に知ることができる」「間違った方向に進まないようにサポートしてくれる」「モチベーションを保てる」「運動習慣が身につく」「不安が減る」**などが挙げられます。やせられるかどうかについては、あえて厳しい言い方をすると、あなた次第です。例えば、週1回のパーソナルトレーニングだけで脂肪が十分に分解されるわけではありません。それをきっかけに生活全体を改善していく必要があるわけで、だからこそ、納得して前向きに取り組めるジムを選ぶ必要があります。仮にトレーナーがそれに見合わないと思ったらすぐに切り替えたほうがいいでしょう。

ではどんな方におすすめかというと、①**これからダイエットをする人**、②**ダイエットに関する悩みがたくさんある人**、③**1人でやっていても生活改善が続かない人**。これらの方々にとっては、価値が高いと思います。ジム側も客の課題に対してパーソナルに対応するので、どのような悩みにも対応できるように日々勉強しています。

さて、最後にパーソナルジムを上手に活用する方法をお伝えします。お金のかかることなので、最終的には**自立することが理想**です。最初こそは定期的な頻度で通う必要がありますが、運動に慣れてきたら、パブリックジムでの運動にチャレンジしましょう。その後、**少しずつ頻度を減らし、最終的には不定期に身体を見てもらったり、疑問解消のために通う**。ジムやトレーナーに事前に伝えておくと、サポートしてくれるはずです。

Answer

パーソナルジムは自立を目標として賢く活用しよう

第4章　やせ疑問編　まとめ

- □ やせやすい、やせにくいの〝ワケ〟を理解した上で、戦略を考える
- □ チートデイは選手のための食事術。
一般のダイエッターは適量維持が原則
- □「ぽっちゃり体型」はPFCバランスを意識して
摂取カロリーを減らすこと。活動量アップも大切！
- □「ぽっこりお腹」を解消するには姿勢改善と便秘対策が有効
- □ 骨盤の歪みは「やせる」に関係なし。
ただし、骨盤の傾きは見た目に影響あり
- □「やせる」に関連する褐色脂肪細胞は、
肩甲骨の刺激ではなく、冷却刺激に反応
- □ 股関節が整えば、足がすっきり見えて、
腰や膝への負担軽減にも効果的
- □ 加齢に伴ってやせにくくなるのは事実。
体型別の攻略法も考えて
- □ 停滞期は意識を変えて立て直し。
PFCバランスを変えるのも手
- □ 巷に溢れるダイエット法、それぞれの仕組みを理解した上で、
やるかやらないかは自分次第
- □ パーソナルジムは自立を目標として賢く活用しよう

おわりに

さてさて。それなりに長い〝あとがき〟スペースを用意してもらったので、最後に思いの丈を語らせていただきますよ。もう少しお付き合いください！

まずは、最後までお読みいただきまして、ありがとうございました。少しでも、参考になる部分はあったでしょうか？　新たな気づきはありましたか？　ダイエットを正しくがんばるモチベーションが湧きましたか？　読み終えた皆さんの気持ちが少しでも前向きになっていたら、僕はこの本を書いて良かったと思います。ＳＮＳなどでぜひ、感想をお聞かせください。

僕が活動を続けられているのは、皆さんのおかげです。この言葉だけを読めば、何かウソくさいと感じられるかもしれませんが、本当なんです。僕は正しいダイエットを広めたいし、正しいダイエットが求められるような世界になってほしいと願っています。だからこそ、なるべく真っ直ぐ情報を発信しているつもりです。その情報を、皆さんが見ていただいているおかげで、さらに別の方にも届く。SNSやYouTubeならではの仕組みです。だからこそ、皆さんにはいつも感謝しています。

少し昔の話をさせてください。実は、大学院の頃に、ちょっとした挫折を味わったことがありました。自分がイメージしていた未来が崩れた瞬間です。その時に、Facebookで友人たちがたくさんの励ましのメッセージをくれました。大学までを関西で過ごした僕は、関東に友達がすごく少なかったこともあって、遠方にいる皆からの声が妙に温かく感じました。それが僕の人生の中で最も印象に残っている〝助けられた〟瞬間で、大きなターニングポイントになりました。

さて、次は僕が誰かを助けるぞ、と思い、自分にできることを探しました。その結果、ジムで困っている人たちに僕の知識と経験を伝えることができる！　と思い立ち、トレーナーという仕事を始めました。それまでに得た知識と経験を活かして、最初はトレーニングの方法やメニューの組み方などを中心にお客様に伝えていました。人に感謝されながら、僕も生活ができて「まさにやりたかったこと」だと思ってました（笑）。ですが、しばらく活動を続けていると、もっと困っている人たちがいることを知りました。その方々の欲求が「やせたい」という想い。そこから僕は、食事のこと、栄養のことを勉強して、〝ダイエット〟という方向に活動の軸を変えました。そこで、活動を続けているうちに、困っている人がもっといることを知ります。その悩みは多種多様で、間違った取り組みをしてしまった人、いろいろ考え過ぎて混乱している人、ダイエットをきっかけに心のトラブルに陥っている人……。人それぞれ、優先すべき課題は違いますが、共通して言えることがあるんです。それは、〝ダイエットには正しい考え方が大事〟ということ。やせてこそ……ということよりも、健康であるべきという想いを最も根底に置くべきなんです。その土台さえあれば防げる失敗があります。そういった想いから〝2か月後の減量よりも1年後の健康〟をダイエット指導のモットーにしています。

まだまだ僕には力がありません。影響力もありません。だから、もっと多くの人に、このダイエットの考え方を広めるには、皆さんの応援が必要です。これからもよろしくお願いします。

この場をお借りして、関わってくださった皆さんに感謝を伝えさせてください。まずは、小学館の担当者さん。書籍出版という貴重な機会をいただきまして、ありがとうございました。僕の活動にとって重要な一歩となります。そして、僕と同じ想いで活動してくれているボクノジムのトレーナーの皆も、いつもありがとう。皆に安心して現場を任せられるからこそ、書籍の活動に力を注ぐことができました。これからも一緒にがんばりましょう。そして最後に、僕の本を手に取ってくださった皆さん、改めまして、ありがとうございました。まだまだがんばりますので、今後ともよろしくお願いします！

計太

参考文献

1.2020 May;34(5):1448-1460. doi: 10.1519/JSC.0000000000003521.
Sex Differences in Resistance Training: A Systematic Review and Meta-Analysis
Brandon M Roberts 1, Greg Nuckols 2, James W Krieger 3
2.厚生労働省「国民健康・栄養調査報告」
3.2000 May;88(5):1707-14. doi: 10.1152/jappl.2000.88.5.1707.
Substrate metabolism during different exercise intensities in endurance-trained women
4.Med Sci Sports Exerc. 2007 Oct;39(10):1825-31.
Chronic static stretching improves exercise performance
5.2020 May 1;218:112733. doi: 10.1016/j.physbeh.2019.112733. Epub 2019 Nov 7.
Appetite control and exercise: Does the timing of exercise play a role?
6.October 28, 2008 105 (43) 16767-16772
Effects of the gut microbiota on host adiposity are modulated by the short-chain fatty-acid binding G protein-coupled receptor, Gpr41
7.宮崎医学会誌 33：88～92, 2009 消化管ホルモンと摂食調節機構
8.2004 Dec;1(3):e62. doi: 10.1371/journal.pmed.0010062. Epub 2004 Dec 7.
Short sleep duration is associated with reduced leptin, elevated ghrelin, and increased body mass index
9.1988 Feb 16;441(1-2):403-7. doi: 10.1016/0006-8993(88)91423-0.
Blockade of the histamine H1-receptor in the rat ventromedial hypothalamus and feeding elicitation
10.2018 Sep 22;392(10152):1015-1035. doi: 10.1016/S0140-6736(18)31310-2. Epub 2018 Aug 23.
Alcohol use and burden for 195 countries and territories, 1990-2016: a systematic analysis for the Global Burden of Disease Study 2016
11.The American Journal of Clinical Nutrition, Volume 111, Issue 5, May 2020, Pages 1027–1035,
Dietary fiber intake and total and cause-specific mortality: the Japan Public Health Center-based prospective study
12.2014;312(9):923-933. doi:10.1001/jama.2014.10397
Comparison of Weight Loss Among Named Diet Programs in Overweight and Obese Adults
A Meta-analysis
13.Obesity (Silver Spring) . 2013 Dec;21(12):2504-12.
High caloric intake at breakfast vs. dinner differentially influences weight loss of overweight and obese women
14.一般社団法人日本家政学会研究発表要旨集 55 (0), 157-157, 2003
Serum leptin concentrations during the menstrual cycle
15.2004 Jul;47(7):1175-1187. doi: 10.1007/s00125-004-1448-x. Epub 2004 Jul 14.
Effect of oestrogen plus progestin on the incidence of diabetes in postmenopausal women: results from the Women's Health Initiative Hormone Trial
16.JAMA Intern Med. 2022;182(4):365-374. doi:10.1001/jamainternmed.2021.8098
Effect of Sleep Extension on Objectively Assessed Energy Intake Among Adults With Overweight in Real-life Settings
17.Obes Res. 2000 Mar;8(2):140-50.
Familial aggregation of amount and distribution of subcutaneous fat and their responses to exercise training in the HERITAGE family study
18.1996;73(1-2):37-42.
Serotonergic control of the organization of feeding and satiety
19.July 15, 2013
Recruited brown adipose tissue as an antiobesity agent in humans
20.N Engl J Med 2022; 386:1495-1504
Calorie Restriction with or without Time-Restricted Eating in Weight Loss

Profile

計太 けいた

ダイエットコーチ・パーソナルトレーナー

1989年、奈良県生まれ。大阪教育大学スポーツ科卒、早稲田大学大学院スポーツ科学研究科修了。専門は運動生理学。高校、大学はバスケの国体選手。「2か月後の減量より1年後の健康」を掲げ、痩身目的だけでなく心身の健康を重視した前向きでポジティブなダイエットを提案。論文の科学的データに自身の経験を組み合わせた、理論的かつ実践的なトレーニング&ダイエット情報を日々発信している。2018年より経営するパーソナルトレーニングジム「ボクノジム」は、現在白金高輪、中野、秋葉原の都内3店舗と奈良の計4店舗に加え、オンラインジムも展開中。趣味は登山。

https://bokuno-corporation.com/rakuyase/
YouTube： https://www.youtube.com/channel/UCrSTCLfbo5o-QTA7ACeXvxA
Instagram： https://www.instagram.com/ke___ta___/
Twitter： https://twitter.com/personal_ke_ta

STAFF

販売	根來大策
宣伝	阿部慶輔
制作	尾崎弘樹
撮影	藤岡雅樹
ヘアメイク	佐伯エミー
スタイリング	小孫一希
イラスト	計太
デザイン	後藤裕二（ティオ）
編集	原口りう子

衣装協力 プーマジャパン
0120・125・150

ダイエットコーチ計太の「ラクやせ」メソッド

2023年1月18日 初版1刷発行

著者　計太
編集人　安田典人
発行人　大澤竜二
発行所　株式会社 小学館
〒101-8001
東京都千代田区一ツ橋2-3-1
編集　03-3230-5930
販売　03-5281-3555
印刷　萩原印刷株式会社
製本　株式会社若林製本工場

ISBN 978-4-09-311533-9